吃透曾国藩

CHITOU ZENG GUOFAN

◎谷园 著

图书在版编目(CIP)数据

吃透曾国藩／谷园著.—福州:福建教育出版社,2011.11(2020.12重印)
ISBN 978-7-5334-5643-6

Ⅰ.①吃… Ⅱ.①谷… Ⅲ.①曾国藩(1811~1872)—人物研究 Ⅳ.①K827＝52

中国版本图书馆 CIP 数据核字(2011)第 231189 号

吃透曾国藩

谷　园　著

出版发行	福建教育出版社
	(福州市梦山路 27 号　邮编:350025　网址:www.fep.com.cn)
	编辑部电话:010－62027445
	发行部电话:010－62024258　0591－87115073)
出 版 人	江金辉
印　　刷	福州华彩印务有限公司
	(福州市福兴投资区后屿路 6 号　邮编:350014)
开　　本	710 毫米×1000 毫米　1/16
印　　张	16.5
字　　数	268 千字
插　　页	2
版　　次	2012 年 1 月第 1 版　2020 年 12 月第 11 次印刷
书　　号	ISBN 978-7-5334-5643-6
定　　价	33.00 元

如发现本书印装质量问题,请向本社出版科(电话:0591－83726019)调换。

自序

修身是中国式励志的主题

这本《吃透曾国藩》我写了半年。曾国藩讲,"穷以修德,困而著书"。我写书是被病所困——白癜风,要治这个病最重要的就是减压,我调整了自己的工作状态,努力让自己闲下来,写书算是一种清闲地休养。

我有优点,凡事有泡的精神,做事虽然效率不高,但能长期地做下来。我精选了200句与我有共鸣的曾氏格言,发表自己的感想,最终写了十四万字。曾国藩讲读书要看、读、写、作缺一不可。写作实在是一种绝好的学习方式。通过写书,我不但系统梳理了自己对曾国藩的认识,梳理了自己十几年的人生感悟与读书心得,而且对于传统文化的现代意义有了自己的认识。

对于绝大多数人来讲,对传统文化的体验还是非常肤浅的。今天有几人通读过《史记》啊。我没有,我自命喜爱国学,可我对于古人的那些必读书,了解还是很少的。因此,我有理由得出上述这个结论。我们与传统的血脉是相通的,却是西方文化体系喂养大的。从小学到大学,我们现代的教育体系都是西方式的,跟传统截然不同。而且,很多青年对外语的熟稔程度远超文言文,对圣诞节、情人节的热情远超端午节、重阳节,对"成功/励志"的了解远超"修身"。

今天"成功/励志"已然成为一个非常重要的图书分类,"当当网"上此类书籍有近四万种之多,足见当代人在这方面的需求之大。然而,再进一步,我们会看到一个很令人诧异的现象,这些书里被冠之以"经典"的,都是以卡耐基为首的外国人写的,如《人性的弱点》、《谁动了我的奶酪》、《富爸爸穷爸爸》、《不抱怨的世界》等等,即便有中国人写的也几乎都是这一路的。这些书都曾那么火,让我不看都不行,但看过就忘。

而真正影响我的,给我激励和安慰的,则是《论语》等"四书",还有后来的曾国藩。它们照亮了我的人生,是真正适合我的"成功/励志"书。只是在这些书里对"成功/励志"有不同的叫法:修身。《论语》是一本什么书呢？简单讲，四个字：修己安人。它有一半以上的内容都在讲修己，即修身。比如，开篇第一段，"学而时习之，不亦说乎？有朋自远方来，不亦乐乎？人不知而不愠，不亦君子乎？"讲的无非就是学习、交友、谅解，这都是修身。同样，《周易》、《孟子》、《大学》、《中庸》、《老子》、《庄子》，这些奠定了中华传统文化基础的经典著作，其实都是在讲修身。《周易》开篇即讲乾坤之道，无非两句，"天行健，君子以自强不息"，"地势坤，君子以厚德载物"，自强、担当，这也都是讲修身。《大学》讲，"自天子以至于庶人，壹是皆以修身为本"，只有修身做好了，才能齐家、治国、平天下。我们的传统文化把修身作为人生的根本，如果把儒家思想看做一种宗教，那修身就是最基本的教义。正是在这些修身思想的滋养和激励下，我们的民族在几千年的历史中圣贤豪杰辈出，而曾国藩正是其中的一位杰出代表。

如果套用一下现代的"成功/励志"的概念，那么修身就是中国式励志的主题。

我们可以把曾国藩作为一个案例，看一下他是怎样由这种中国式励志塑造成的。首先，为了科举考试，他读了二十三年"四书五经"，修己治人的这些思想他定然是吃透了的。考中进士后，他去向当时一位德高望重的老前辈请教"检身之要"，即怎样修身，老先生教给他，要按着《朱子全书》去身体力行，比如用正楷记日记，以此训练自己的恒心，他为自己制定了十二条修身日课，几乎都终生坚持。同时，这些思想与做官、带兵、治家的实践相结合，与人生的苦辣酸甜、成败起伏相结合，最终形成了他伟大的人格，取得立德、立功、立言"三不朽"的巨大成功。

我早期读曾国藩，最受用的那些思想，如尽性知命、进德修业、君子不求全、反求诸己、立人达人等等，其实都是从"四书"而来。

那么，我们直接看"四书"就得了，为何还要从曾国藩这里看二手的呢？

对我们现代人来讲，曾国藩的意义在于，他离我们更近，他的成就有目共睹，他做官则升得最快，带兵则戡乱救国，道德则勤俭廉正，诗文则开宗立派，治家则子弟英才辈出，举贤荐才则名臣俊杰各得其所，毛泽东、蒋介石、梁启超等近代最杰出的人物都对他推崇备至。另外，他也是书法家、围棋爱好者、长期病号，也有很多世俗人的乐趣。他自己传世文字极多，关于他的文字也极多，在他身上，那些略显空洞的、理论化的、甚至有些说教意味的思想变得更鲜活、更实际、更有说服力。他就是一部闪耀着中华传统文化光辉的人生百科全书、一部中华励志宝典、一个完美的人生范本。而且，曾国藩对后世影响最大的是他的家书，家书便有一个好处，世间很多话，跟外人讲的，与跟儿子、兄弟讲的是不一样的，真事、真话只能跟自己最亲近的家人讲。这一点很重要。我们看到很多"官二代"也在做官，而且"进步"很快。我曾分析，这一方面得益于父辈的人脉资源，另一方面是因为他们觉悟得早，他老子一上来就把"真事"都告诉他了，把道给他指明了，而我们自己去悟的必然要走很多弯路，做很多无用功。我们有幸听到曾国藩这样的大人物给他的"二代"的口传心授，自然比自己从头学"四书"更便捷。当然，曾国藩所讲的这些"真事、真话"，跟我们一般的理解并不一样，他没有一点世俗化的权术，没有潜规则，都是那样的正，那样的正大光明，让我们眼前一亮，心里一热，哦，原来直道而行真的可以啊！

修身作为中国传统文化的重要内容，融合在两千多年的文化教育里面，一直延续到了辛亥革命之后。一百年前，正是民国元年，中国传统教育开始向西方学习，进行分科，首先分出来的，就是国文课和修身课。自立、勤学、好问、专心、孝亲、习劳、反己、诚实、宽恕、守信、忠义、尚武、有恒、自省、慈善、博爱、公益，这些都是修身课里的章节。直到1933年这门课被取消，于是，修身被我们从生活中删除了！我们说，对待传统，要取其精华，去其糟粕。可遗憾的是，我们恰恰把精华丢掉了。

当我们在改革开放的年代里，重新需要靠个人奋斗去开创美好生活时，我们渴望汲取精神上的力量，这时西方送来了卡耐基，忽如一夜春风来，千树万树梨花开。《论语》之类的传统经典则成为少数人的雅好，成了国学，成了有争议的东西。一个有几千年文明的大国，她的青年却要到西方人那里寻找人生的信念和奋斗的精神，真是天大的荒唐！这何止是一国软实力缺失的体现啊！

不过，既然这些西方励志书籍受到广泛的欢迎，那么，它自然有其积极的意义和优势所在，主要包括三方面：一是如德国社会科学家马克斯·韦伯在《新教伦理和资本主义精神》里所强调的，近代以来，西方精英阶层所信奉的个人奋斗、勤俭、创新等资本主义精神构成了西方励志的主体；二是心理学等现代科学的成果被西方励志大量引进；三是西方励志读物依托于现代的市场经济等社会模式。这三方面都比较适应90年代以来中国青年的阅读需要。

但它为何总是让我过目即忘，无法真正融进我们的精神血液呢？它的局限在哪？中国式励志与西方励志的差异在哪呢？

我认为，以传统修身思想为主题的中国式励志与西方励志的差异，类似于中餐与西餐的差异：其营养成分是一样的，东西方之间有着很多相同的、普适的价值观；差异在于做法与味道不同，饮食文化也不同。以我个人的体验，因为我吃不惯西餐，不对胃口，所以吸收起来就很难。具体讲：

一是文化符号上的差异。励志书籍最终的意义在于影响人的思想、思维方式，而思想是基于语言文字的，基于一定的文化符号的。这一点上，西方与东方很难沟通。比如，在励志案例的选择上，西方人知道诸葛亮、李白、司马光、岳飞、苏东坡、徐文长吗？知道马云、赵本山、许三多、芙蓉姐姐吗？他们会举出他们文化里那些对应的案例来，而我们也不知道。为了弥合这个问题，有的西方励志书在案例选择上会找一些日常生活中的人物，比如司机杰克，厨师安德烈，这样的案例更亲和了，但为了交代人物背景，则又变得冗长了；另外，必然还需要大量的励志格言，这个问题就更大了，我们的文化中这样的格言、谚语、诗句、俚语、成语太多了，都耳熟能详、妇孺皆知，而且都经过无数岁月的淘洗，极其厚重、透彻、朗朗上口，说出来都"杠杠的"，都是能刺穿灵魂，印在脑子里的。而且，很多文言文的魅力在这一点上格外突出，"天行健，君子当强不息"，这是中国最古老的书里的文字，它的气势和味道是任何其他语言出不来的。所以，文化符号上的差异，使得很难通过对西方励志的阅读来实现对思想的充分影响，看着不错，但记不住。

二是价值观上存在的差异，这也是最根本性的。我们的国情、文化与西方不同，这决定了我们的传统文化对于人生、成功的理解不同于西方，思维方式也不一样。简单讲，中国人的思维方式是合二为一的，讲究天人合一，凡事做整体观，把修身励志与人生、生活、工作、学习、健康等作为一个整体来对待；西方人则是一分为二，讲究分科、分类，把"成功/励志"作为一个专门的学科，就是研究成功规律，目标就是成为富翁。孔子也喜欢财富，他说"富而可求也，虽执鞭之士，吾亦为之"。意思是，要是能赚钱，让我去做马夫也可以。但他进一步讲，"如不可求，从吾所好"，在财富之外，还有我爱好的生活。庄子则讲人生最高的目标是"道遥游"，即自由！我们如果有耐心，那么完全可以从中国古代书籍里援引成千上万条文字来支持这个说法，即中国人对成功的理解是更丰富多元的，而绝不是单极化的财富、权位。另外，如作家周作人所讲，中庸思想对中国人影响极深，中国人对事业的关注点在于长久，而不在于有多强大。曾国藩经常告诫子弟"无好小利，不求速效"，就是不能急功近利，慢不要紧，关键要扎实、稳定，这样才能长久，人生不是看谁先成功，而是看谁笑到最后。而西方励志里急功近利的思想还是比较多的，特别是其中国徒弟们开设的所谓成功培训，宣扬一夜暴富，什么二十多岁就亿万身家，一堂课就改变命运，一种方法就包打天下。实在是骗人、害人！再有，中国人自古即强调"内圣外王"的思想，从国家的层面讲，内在的实力强大了，外在的自然就能赢得世界其他国家的尊重；从个人的层面讲，内在的修养提高了、能力提高了，外在的事功自然就会有好的发展，也会赢得良好的人际关系。这些都是西方励志所没有的。

三是表达方式的差异。中国人认为，经典文字的特点在于其包孕性和启发性，强调阅读的过程即思考的过程。古代的文章是没有标点符号的，阅读第一步要做的是句读，就是你自己得能把文章中的句断开，这就要求阅读者必须能真正理解文章的意义才做得到。而修身励志主要是一个内省的过程，所以古代修身书一般只说理，不用案例，点到为止，从而给阅读者有充分的涵泳体会的空间。而现代西方励志过于依赖案例，案例固然有利于阅读者的理解，但也局限了阅读者的思考。而且，如西哲讲，人不能两次踏进同一条河流，凡事换一个人、换一个时间、地点、情景，同样的做法可能效果会有天壤之别，所以案例有时靠不住。

经过上述分析，我们既可以看到西方励志的局限，又基本可以总结出中国式励志的特点。

中国式励志就是基于中国传统的价值观，运用中国特色的语言、案例、文化符号，以中国化的表达方式构建的，以修身为主题，树立开发包容的人生观，运用有效的方法，实现个性化成功人生的思想体系。它主要包含三个方面，即本书的前三个篇目：理念、修养、实践。一个人，首先要认清一些理念，得明理，知道怎样看待人生、生命和生活，知道什么是成功，有正确的是非善恶标准，有基本的道德观念，知道处世为人的道理，还有一些常识和规律，以及积极的思维方式等等，这些都是理念；人要培养和提升自我的内在力量，要控制情绪、要谦虚、勤奋、谨慎、认真、乐观、坚强、厚道、宽容、豁达、有恒、忍耐、守信等等，这些都是修养；实践则包括人生中各种问题的处理经验、技巧。说得再简单一点，理念就是你得明白事，修养就是你得能干事，实践就是你得会干事。而这一切我们的祖先已经讲了几千年，我们应当把它重新找回来了！

　　再回到我的病，回到曾国藩。通过重新阅读曾国藩，我的病基本治好了。挺不可思议吧。他的家书里详细记载了他的皮肤病，从三十岁直到晚年，怎么治的，什么心得，都很详细，包括早期用黄芪、眠食有常最益于身体、不轻服药，以及最后他悟出皮肤之疾多数都可不药自愈，这些都被我成功借鉴。

　　关于一个人的书读多了，就会感觉跟他很亲近，就像一个生活中的朋友。我发现我跟他真的有很多共同点：都出身农家；都喜欢读书、思考、写文章；都喜欢书法，而且他在书法方面推崇的李北海和黄山谷恰是我的最爱；他是文官带兵，我是机关创业；另外还都有皮肤病，呵呵。当然，不同是：他伟大了，我仍然平凡；他已成为历史，我还在奋斗的路上。但我相信：吃透曾国藩，人生必不凡！

　　本书所辑曾国藩格言，主要从《曾国藩家书》（曾国藩著，中央编译出版社2011年1月出版）和《曾文正公全集》（曾国藩著，李瀚章编撰，李鸿章校刊，黎庶昌等参校，中国书店2011年1月出版）、《唐浩明评点梁启超辑曾国藩嘉言钞》（岳麓书社2007年4月出版）中选取，编入理念、修养、实践三篇。同时，参考了《曾胡治兵语录》（蔡锷著，广西师范大学出版社2007年11月出版）、《冰鉴》（中国画报出版社2011年7月出版）、《曾国藩语录》（内蒙古人民出版社2008年5月出版）、《曾国藩箴言》（何书明编，中央编译出版社2010年6月出版），以及《曾国藩格言集锦》（百度文库）等资料，并选取了一些格言，不尽准确，但取其流布极广并裨益于青年，一并编入"拾遗篇"。

　　我不是专门学者，学识浅薄，写书是率性而为，旨在与青年朋友分享学习曾国藩的心得及自己的人生感悟，以期互相勉励、共同提高。疏漏舛误定然不少，望诸君海涵。

谷　园
二〇一一年十月九日

目录

自序　修身是中国式励志的主题

理念篇

人生的范本/3

儒家的人生观/4

行善可改善命运/6

思路决定出路/8

细节决定成败/9

辩证法的思维方式/10

为什么不如你的人却比你成功/11

人生而是不完美的/12

人生要做减法/13

读书可变化气质/14

进德修业/15

我要一年挣100万/17

抓紧借钱/18

两种动力/19

不归路/20

先求不败/22

不能靠运气/23

有梦想就有希望/24

进退之间/25

不放弃不放松/26

忙就对了/27

风水意识/28

敬畏之心/29

上场当念下场时/30
最靠得住的是自己/31
凡事留有余地/32
活着才是王道/33
治病三分靠医生七分靠自己/35
和为贵/37
兄弟最无间/39
传统好女人/40
既要有真爱，又要有浪漫/42
嫁人就嫁灰太狼/43
给孩子多一些空间/44
家族传承/45
广交友/46
处几个好邻居/47
曾国藩的八本三致祥/48
曾国藩的葵花宝典/50
能力越大，责任越大/51
如果不得志/52
猜忌最要命/53
知天命/55
感恩是福/57
人生三段论/59
人生是一场马拉松/60

修养篇

成功三品质/63
做一个好人/64
修身从与身边人搞好关系开始/65
新教伦理/66
格局第一/67
合格的职业经理人/68
内方外圆/69
泡/70

我思故我强/72
做个实在人/73
避免得罪人/75
埋头苦干　少发牢骚/76
九思九容/77
千万忍耐/79
宽容/80
凡事宜早不宜迟/81
圆滑是一种境界/82
要有一技之长/83
稳重是大人物的标签/84
如果将来你是个大人物/85
终生学习/86
像草根一样奋斗/87
要低调/88
降龙伏虎/89
受气学/90
要有广阔的胸怀/91
奋斗并快乐着/92
明强/93
只有偏执狂才能够成功/94
曾国藩的美学情趣/95
曾国藩的八德/97
学艺三境界/98
胯下之辱/99
不忮不求/100
慎独以不看黄片为本/101
精英气质/102
不做亏心事/103
钱只会借给勤劳者/104
节俭是一种价值观/105
能耐、出息是挺出来的/107
大丈夫的气质/108

孩子的心境/109

不护短最轻松/110

你应当知道的周易六卦/111

修身三字经/112

人生三乐/113

交友之道/114

善于等待/115

静/116

要爱惜自己的名誉/117

隐性特长不妄求人知/118

职场奋斗观/119

言出必行/120

面对逆境要存一分淡定与洒脱/121

献身精神/122

我是小人吗/123

不要锋芒太露/124

做个脚踏实地人/125

实践篇

把大象关到冰箱里分几步/129

送礼是必要的/130

抱定一家/131

读书要体贴到身上去/133

曾国藩修身手册/134

攀附没什么错/136

将军赶路不追小兔/138

该出手时就出手/139

什么也架不住天天干/140

人情要命/141

让孩子多干活/142

好记性不如烂笔头/143

应对危机/144

什么叫老练/145

得跟自己较劲/146

歇会儿再干/147

读书四法/148

家人之间不说狠话/149

享受读书的乐趣/150

善待亲朋/151

传统好农家/152

用什么样的人/154

清除害群之马/156

多给别人戴高帽/157

该狠时要狠/158

什么也不做/159

最贵的工资是最低的成本/160

实力是根本/162

攻守兼备/163

决策的能力/164

养生五法/165

婚姻经济学/167

官场不倒翁/168

没有创新就没有发展/169

管人要严/170

为官三大职责/172

得人治事之方/174

怎样树立权威/175

有的忙不能帮/176

选人的眼光/177

五勤五到/178

建立自己的统一战线/179

一定之规/180

落实不了的规矩不要立/181

怀疑的态度/182

把握关键/183

得有个天天念叨的事/184

如何协作/185
领导的魅力/186
毁誉之中立定脚跟/187
烧香拜佛不如拜自己/188
要耐烦/190
表扬别人也表扬自己/191
要找伯乐找靠山/192
功到自然成/194
要有成果/195
适合很重要/196
最后关头要小心/197

拾遗篇

最大的财富是自身实力的提升/201
示弱是一种智慧/202
想象一下自己的晚年/203
你的眼神/204
相由心生/205
企业要养气/206
得走精兵路线/207
对谁都得客客气气的/208
要能看穿人/209
反作用力/210
量随识长/211
君子之交淡如水/212
批评是一把小锉刀/213
傻样儿是爱称/214
改变自己/215
戒、定、慧/216
发展的眼光看问题/217
做与众不同的事/218
男人得有个嗜好/219
别站着说话不腰疼/220

不要做愤青/221
居官三鉴/222
马屁应当怎样拍/223
做事要讲方法/224
社会的弱点/225
夹着尾巴做人/226
善用阳谋/227
看人要看人格/228
合作精神/229
就算是阿Q一回吧/230
一个习惯让你成为人上人/231
要了解底细/232
凡事打出点量/233
慢想快做/234
人生的弯道不要转得太急/235
审视成功/236
保底的品质/237
人生最高的追求是自由/238

附录 从曾国藩《挺经》谈"中国式"企业家人格塑造/239

理念篇

人生的范本

文正语录

凡做好人，做好官，做名将，俱要好师，好友，好榜样。

《曾文正公全集》【一】求阙斋日记类钞 卷上 问学

【谷园解读】

有一个说法，人一生中有五个影响你命运的人，依次是父母、老师、朋友、领导、配偶。如果他们都能冠以一个"好"字，那将是一个完美的人生。

师者，传道、授业、解惑也。好老师引导你建立积极的人生观和思维方式，教给你本事，解答你的困惑。曾国藩在家书里就曾嘱咐弟弟，要延请最好的老师来教子侄们读书，并强调"请师乃第一要紧事，子弟之成败，全系乎是"。

益者三友，友直、友谅、友多闻。好朋友正直坦率、诚实包容、见多识广，他会影响你的人格，给你激励，分享人生经验。《千字文》里讲"交友投分，切磨箴规"，意思就是好朋友之间互相批评、互相帮助。

何谓榜样，我理解就是人生的范本。学习书法，讲究临摹法帖。学习做人，也应当有人生的范本。好师好友可遇不可求，榜样好找，看传记。比如风靡全球的《富兰克林自传》，就给了全世界青年一个了不起的人生范本。而曾国藩则是我们中国人自己的完美的人生范本。他是诗人、散文家、书法家、孝子、慈父、兄长、官员、军人、将领，对人生、对生活、对工作、对学习、对处世为人等各个方面都有着丰富的经验和深刻的感悟。这些思想散落在他的家书、日记、书信、诗文甚至公文奏折里，打着中国传统文化与智慧的烙印，贯穿组合起来便是一幅完整的中华精英"范儿"。

当然，就像书法的临帖宜寻找与自己性情相近者，才可事半功倍。人生的范本也要找自己真正喜爱的那个人，曾国藩之外可爱的人还有无数。

儒家的人生观

文正语录

尽其在我,听其在天。

《曾国藩家书》道光二十四年八月廿九日与诸弟书

【谷园解读】

我能干的就尽力去干,去朝好的方向努力,而究竟成功与否那得看"老天爷"高兴不高兴了。同样的意思也有这样讲的:"尽人事,而听天命","尽性知命"。这是典型的儒家的人生观,我称之为"积极宿命论"。

孔子说:不知命,无以为君子。你若对人生、对命运没有认真的思考,不能够认识到命运的无常与有常、人的渺小与伟大,就不能算是一个有修养的人。但孔子又说,自己是"五十而知天命"。这很滑稽,我们似乎可以理解为,孔子五十岁之前也称不上君子,那我们这些人就更没戏了,安心当小人吧。

这里,我要强调的是,在大自然和命运跟前,我们是非常渺小的。

据说在纽约一个繁华的街角立着一面很大的广告牌,上面画着浩瀚的银河,一个大大的箭头指向群星之间一个极小的点:这就是你生活的地球!

凡事皆有命定,持这样的宿命论的好处是:心灵安静,不必再患得患失。

坏处是:人可能会消极。既然命中注定如何如何,那我就混呗。这样是不行的,听其在天,还要尽其在我。除了儒家,各种宗教也都教育我们:第一,天道酬勤,勤奋可以改善命运;第二,因果报应,行善可以改善命运。

松下幸之助年轻时有几次大难不死的经历,使他坚信自己是有福之人,凡事只管努力就会成功。我耳垂很大,虽没有正儿八经地算过命,但在饭局之类的交际场合,也遇到几位精于此道的朋友,都说我是有福之人,并有财运,这同样对我形成一种积极的心理暗示。当我犹豫不决、困惑迷惘时,便会有一个声音鼓励我放开手脚、大胆前进,因为我是吉人天相。

贝多芬说，要扼住命运的喉咙。我想他要是真扼住了，也就成不了伟大的音乐家了。命运就像一头小毛驴，要顺应它的脾性，爱抚它，喂它青草，它才能为你效力。

行善可改善命运

文正语录

祸福由天主之,善恶由人主之。由天主者无可如何,只得听之;由人主者,尽得一分算一分,撑得一日算一日。

《曾国藩家书》咸丰八年十一月廿三日与诸弟书

【谷园解读】

天有不测风云,人有旦夕祸福,这都是人力所不能控制的事,是要"听其在天"的。但为善还是作恶,是人自己就能决定的,是"尽其在我"的落脚点。

而且,在"天主之"和"人主之"之间,还有一种神秘的联系,用《千字文》的话讲,叫做"祸因恶积、福缘善庆",用佛家的话讲,叫做"因果报应",善有善报,恶有恶报。这种说法是劝人向善的说辞,还是揭示命运的真理?日本"经营四圣"之一的稻盛和夫相信这是真理,相信积德行善可以提高人的心智,进而改善命运。他也曾经为人在世间的渺小而感到困惑、茫然,直到看了明代袁了凡的故事,才豁然开朗。

这个故事写在袁了凡所著《了凡四训》里。袁了凡是明朝官员,做地方官政绩颇佳,也带过兵,战功卓著。他十岁那年,家里来了一个老和尚给他算命,之前的事一丝不差,并预言了他未来参加科举、为官、婚姻、寿限等很多细节。日后其经历,果然与老和尚的预言极其吻合,不差分毫。这一天,袁了凡去拜访一位高僧,两人相对打坐,袁了凡很快便进入一种浑然忘我、寂然禅定的境界。高僧对这种修养非常震惊不解。袁了凡说,自己的人生都已注定,未来是怎样的,自己非常清楚,所以没有什么人生的烦乱心绪了。并且告诉了高僧当年算命的经历。高僧听罢,棒喝之:你竟然是这样浅薄的人啊,命运是靠自己掌握的,怎能听之任之;并且告诉他,每天、每月、每年分别做多少善事,命运就会改观。袁了凡按着高僧的嘱咐积德行善,果然,老和尚的预言不灵了。预言说他命中无子,结果他四十得子;预言说他只能活50岁,他却活到了80高龄。

善恶是人世间的一大主题。其中很多纠结。有人抱怨,好人不长命,祸害一万年,人善被人欺,马善被人骑。也有人说,很多乞丐其实都是骗人的。网上还经常爆料一些慈善机构的黑幕。但我们应当坚定这颗善良的心，怀着善念，多行善事。

　　三国刘备讲，"勿以善小而不为，勿以恶小而为之"。曾国藩则把"取人为善、与人为善"作为自己人生观的一个核心。让我们也以此共勉！

思路决定出路

文正语录

凡办大事,以识为主,以才为辅;凡成大事,人谋居半,天意居半。

《曾国藩家书》同治二年七月廿一日与九弟国荃书

【谷园解读】

后半句就甭解释了,谋事在人,成事在天。

前半句貌似也平常,办大事当然要有才识,要能干、会干。但要注意的是,曾国藩强调"识"是主要的。识就是思想、思路。

我妹妹供职的商业银行近几年快速发展,跻身全国城市银行的前列。这家银行的前董事长王宝良的口头禅便是"思想决定思路,思路决定出路"。二十多年前,他是我生活的这个城市的市委书记,他领导这个城市成为全省第一个财政收入过亿的县级市。

阿里巴巴的老板马云,考大学考了三年,还只是个大专,真说不上有多么强的才,他的成功靠的是对互联网产业发展的敏锐洞察和财散人聚的人生哲学。

Hao123网站,从技术的角度讲是入门级的,很多人都会做。事实上,做这个网站的李兴平真就是入门级的水平,但他能最先想到这种网站形式,结果一下子就厉害了,并很快把这个网站卖给百度,挣了上千万。

我眼瞅着互联网行业这些年的发展,分明就是"思想决定思路,思路决定出路"这句话在缔造一个又一个麻雀变凤凰的财富传奇。

细节决定成败

文正语录

古来才人，有成有不成，所争每在"疏密"二字。

《曾文正公全集》【四】批牍 卷四
同治六年丁卯岁四月起，金陵督辕

【谷园解读】

疏就是疏忽大意，密就是周密严谨，事之成败往往取决于此。

我的小名叫虎，属相是马，加在一起就是"小马虎"。小时候，考试经常把会做的题做错，当时就感觉挺宿命的，谁让我叫小马虎呢。不过真正的小马虎是一部同名动画片里的主人公，故事讲他漫游马虎国，因为凡事马马虎虎，而闹出许多让人啼笑皆非的事情来。马虎要不得，还拿考试讲，要是高考中因为马虎丢分，就可能是影响命运的事。说到这，那句"细节决定成败"就摆在我们眼前了，这个道理被写成了畅销书，并被冠以"精细化管理"的名头。

传统哲学里对这一点讲得非常多。《中庸》有"致广大而尽精微，极高明而道中庸"，强调只有"尽精微"，做好细节小事，才可能"致广大"，成就大事。儒学大师朱熹也格外强调做好小事的意义，认为小事中有大事的道理，大事从小事而来。而且强调"研几"功夫，这个"几"就是事物发展的最初的苗头，所谓千里之堤溃于蚁穴，大风起于青蘋之末，一只蝴蝶扇动翅膀可能引发一场飓风（蝴蝶效应），貌似微小的问题，如果不及时处理解决好，就可能引发严重的后果。

有一个著名的小故事。有个铁匠做钉子，其中有一枚不合格，没有发现就被送到了军队，被钉在了一匹战马的马掌上。在战斗中，钉子松开了，这匹战马因此而跌倒，骑马的元帅被俘，战斗失败，进而整个战争失败，最终这个国家灭亡。

辩证法的思维方式

文正语录

药能活人，亦能害人。

《曾国藩家书》咸丰十年十二月廿四日与纪泽书

【谷园解读】

这是一个科学常识：任何药都有副作用，对症、适量则有益，不对症、过量则有害。

马克思主义的一个精髓就是唯物辩证法，辩证法说白了就是凡事要看到其两面。有阳必有阴，有正必有反，有好必有坏，有善必有恶。小学时，我们就知道反义词，有什么必有什么，这样的说法，可以列出无数个。两种矛盾的属性会对立统一在一个事物上。

具备这种辩证法的思维方式，对人同样会有两方面的影响：一是消极的，你会发现你追求的很多美好的事物，都有其不美好的方面。如成功可以带给你精神的满足，同时意味着你放弃很多的休闲与自由。二是积极的，在危机里你会看到机会，在不幸里你会看到幸运，在黑暗里你会看到光明。

就像药的利害取决于人的运用，我们要善于运用辩证法的思维方式，让自己更加积极、乐观、冷静、理性、进取。

为什么不如你的人却比你成功

文正语录

> 古来大战争，大事业，人谋仅占十分之三，天意恒居十分之七。
>
> 《曾国藩家书》同治二年十一月十二日与九弟国荃书

【谷园解读】

人的资质、努力的程度，其实都差不多，可最终的成就却会有霄壤之别。你与一国元首差多少呢？身高、体重、饭量、体力、精力、工作时间、智商，各种标准可能都差不了一倍吧。美国这么大，真的就是奥巴马最优秀、最适合成为总统吗？

一千种因素集合起来，才促成一个奥运冠军。

凡事没有必然。学生甲高三每次都考第一，必然能上大学吗？结果没有，高考前他在上学的路上被车撞死了。这样讲似乎太极端了，不过，至少是这样的，那些需要努力才能达成的事没有必然。

一个寻常之人，经过几十年的努力，成为一个大国的首富，可能他自己都不敢相信吧。对此，松下幸之助认为，自己的成功百分之九十是幸运，百分之十是靠自己的努力。

其实，何止大人物如此。平凡如我辈，身边的同事、同学、同乡，总有一些人有或大或小的成功。而你似乎比他更优秀，看的书更多，受的累更大，文章比他写得更好，觉比他睡得更少，但你混得不如人家。

这里有三个问题要注意：一是，不要忌妒别人的幸运，这跟忌妒别人的才能一样不可取；二是，继续努力，人生才刚刚开始，现在说谁比谁成功还为时尚早，谁笑到最后才最好看；三是，要想想曾国藩的这句话。与此类似的，还有一种说法，一命、二运、三风水、四积德、五读书。这是我听培训大师余世维讲的，他说：中国传统的观念里，人的成功，第一靠命；第二靠运气；第三看风水是不是有利；第四看祖先与现世是否积了德；第五是靠读书。这里读书也泛指了一切主观的努力。

人生而是不完美的

文正语录

君子守缺而不敢求全。小人则时时求全，全者既得，而吝与凶随之矣。

《曾国藩家书》道光二十四年三月初十日与国华国荃书

【谷园解读】

若干年前我看到这句话时，是颇受触动的。在漫长的青春期（广义的青春期就是对人生仍有太多懵懂无知的年龄）里，我一直对自己的O型腿耿耿于怀，自卑苦恼。后来二十出头就开始展露"聪明绝顶"的端倪，心里就盼着自己快点到三十岁吧，因为感觉三十岁以上的秃顶似乎可以说得过去。

我相信很多青年都曾经或者正在为人生中的缺憾而苦恼。可能是生理方面的，也可能人生其他方面的，比如父母的早逝、孩子的残疾，甚至妻子的非处、老公的无能等。

随着阅历的增长，才会慢慢化解心中的这个情结。你会发现，世间几乎没有上帝的宠儿，"家家有本难念的经"。人人都有自己的烦恼，都要直面人生的不完美。

《西游记》电视剧最后一集，唐僧师徒被老乌龟扔到河里，佛经在晾晒时，有的就粘在石头上被撕破了，也有被河水冲走没有打捞上来的，唐僧就非常痛心。这时，孙悟空宽慰他：师父，不妨事，天地本不全，经文残缺也应了不全之理，非人力所能为也。

天地本不全，人生的不完美是一种必然。同时从积极的角度你还要想一下，《道德经》所言：天之道，损有余而补不足。意思就是，上天会对你的缺憾给予补偿的。我们会看到那些有着明显缺憾的人，很多是事业非常成功的，这就是对他的补偿吧。

人生要做减法

文正语录

求业之精，别无他法，曰专而已矣。谚曰"艺多不养身"谓不专也。吾掘井多而无泉可饮，不专之咎也。

《曾国藩家书》道光二十二年九月十八日与诸弟书

【谷园解读】

我之前听的说法是"艺多不压身"，意思是，多学点东西没坏处。哪个更有道理呢？ 在人生的早期阶段里，我们教育孩子，可以是多学点东西的，因为他的人生还没有定型，他的兴趣点、兴奋点、擅长点都还没有定数，这时把网撒得大一点，在未来的人生中他选择的面会宽一点。 这个阶段里，人生是在做加法。

三十岁应当是一个分水岭。 我们说"三十而立"，比较正统的解释是，这个"立"字与"位"字相通，是说，男人三十岁时要找到自己的位置，要明确自己一生的职业和奋斗的方向，不能再东一榔头西一棒槌地蛮干了。 这时，你就要做减法了，把那些与这个"位"无关的去掉，让它们不再占用你的时间和精力。

当然，这个做减法的时间是不固定的，有的人早，有的人晚。 若干年前，我发现下棋是一件占用很多时间，而又难以有任何成果的事，我就把它给"咔嚓"掉了。 而在此之前，我曾是学校象棋比赛的前三名。

当然，人生应当是一棵树，而不应当是光秃秃的电线杆，在你专精的东西之外，还是要保留一些枝叶的。

读书可变化气质

文正语录

读书可变化气质。

《曾国藩家书》同治元年四月廿四日与纪泽纪鸿书

【谷园解读】

曾国藩是相面家,对于人的气质是非常敏感的。他说读书不但可以变化气质,而且古代相面术还相信,读书可以变换骨相。这后半句,以我浅薄的学识,只能理解为,读书可能影响颈椎、脊椎等骨骼形状。哈!

曾国藩这样说并不新鲜,我们都知道那句名言:腹有诗书气自华。但果真如此吗?其实,更准确地讲,读书会强化人的气质。这个气质可能是好的,也可能是坏的。这取决于读什么书。

不得不说,曾国藩所处的时代读书人所能看到的书,多数是经史子集之类,是很精英化的读物。即便是《金瓶梅》、《玉蒲团》之类的淫书也写得颇文雅,当然这样的书历代皆为禁书,一般人是看不到的。

今天的读物太多元化了。有调查说,今天的大学生读物排行榜前十位,几乎都是什么魔幻小说之类我都没有听过的书。这样的读书会影响气质怎样的变化,着实不好说。

所以,这里就有一个选择读什么书的问题。事实是,一般的情况下,人们会选择与自己的兴趣、格调、品味相合的书,而人的兴趣、格调、品味其实就是组成气质的元素。因此,你的气质影响了你读什么书,而你读的书,会强化你的这种气质。

当然,真正影响气质的变化,读书仅是一方面,它要和人的阅历、修炼结合起来才可以。

有人送给曾国藩一个望远镜,并给他解释,是玻璃经过打磨,就变得能望远了。曾先生由此感慨,"天下凡物,加倍磨冶,皆能变换本质,别生精彩,何况人之于学!但能日新又新,百倍其功,何患不变化气质,超凡入圣?"这番话,无论于化学、物理学、社会学,都是很科学的。

进德修业

文正语录

吾人只有进德、修业两事靠得住。

《曾国藩家书》道光二十四年八月廿九日与诸弟书

【谷园解读】

说实话,我是从阅读曾国藩才确立了自己的人生观,八个字:尽性知命、进德修业。关于尽性知命,前面有一篇"儒家的人生观",有所展开,不过只重点谈了"知命"。而"尽性"具体怎么讲呢?其实就是尽力于进德修业。

最早《周易》中讲:君子进德修业。进德就是提升德行修养,修业就是提升才能事业。说白了就是,一个德、一个才,一个内在的力量、一个外在的成果,相辅相成,不可偏废,如车之两轮,鸟之双翼。

电视剧《士兵突击》里许三多经常讲:要做有意义的事。对一个男人来讲,有意义的事,其实无非这两样。

那么怎样进德修业呢?无非两方面:学习加实践。学习可以提高实践的效率,实践则可以检验学习的效果,彼此互相促进、互相生发,人的德与业就会不断提高。对于青年来讲,学习更占主导。那么古人是怎样通过学习来进德修业的呢?曾国藩有句话,"性命之学,五子为宗;经济之学,诸史咸备"。所谓性命之学,就是修身立德的学问,都在孔子、孟子这些书里;而经世济人、为官、为政、治理国家的学问,都在《史记》、《资治通鉴》等史书里。读史其实就相当于今天MBA流行的"案例教学",今天面临的很多问题,历史上都曾有过,史书里都记载了当时人的处理方式和效果,参照着就知道今天应当怎么做了,所谓"以史为鉴"就是这个意思。今天,这些修身立德的书、史书都还是有意义的,只是我们又加上专业书,什么计算机、英语之类,这些都是"修业"所必需的。

曾国藩认为人生中只有这两样靠得住,因为只有这两样是人自己能把握的,是确定的。只要你学习、努力,发挥主观能动性,就会有收获、有提高,学一点是一点,干一点是一点。如果说人世间有公平,那么这一点是公平的,而荣华富贵、名利权情,很多都是不确定的,都可能命运弄人。

若干年前,我跟妹妹讨论,还有一样相对公平的事,就是考试。考大学、考研、考博，多付出一分努力，就可以多考一分成绩，所以应当在考试上下工夫。后来，她果然考上南开的研究生，为以后的人生打下了一个好基础。

我要一年挣100万

文正语录

人苟能自立志，则圣贤豪杰，何事不可为？

《曾国藩家书》道光二十四年九月十九日与诸弟书

【谷园解读】

中国的教育里面特别强调立志，而且是从小立志，几乎所有的小学生，都被问过：长大了你要做什么？ 在我之前的若干代人都是要当解放军，今天的孩子则都要当明星、大官、大款，或者什么家。 孩子对成人世界总是耳濡目染，他们想成为一个被世俗社会普遍认可的成功者，这是再自然不过的事。

这里面的问题在于，对于这种理想、志向，我们一直缺少深入的思考和积极有效的指导。 其实，从现代心理学的角度，立志就是一种对于未来人生的积极的心理暗示。 几年前，美国有一本书很火，叫《秘密》，它所说的"秘密"就是，你对于那个向往中的东西，包括生存的状态、收入、身份、风度，想象得越具体、越形象、越迫切，那个东西就会离你越近，你就会越容易得到它。

孔子说，"我欲仁，斯仁至矣"。 曾国藩说，我立志要做圣贤豪杰，就一定能做到。 他们应当都有一个这样的秘密吧。

我说，我要一年挣100万，那就定然可以挣到100万。 当然，就像那本书里强调的，要把那个挣100万的状态想象得真真切切，想清楚在那种状态里，公司要做怎样的业务，要有多少名员工，处理问题的方式与现在有何不同，等等。

抓紧借钱

文正语录

旧债尽清,则好处太全,恐盈极生亏;留债不清,则好中不足,亦处乐之法也。

《曾国藩家书》道光二十四年三月初十日与祖父书

【谷园解读】

哈,曾国藩持盈保泰的功夫真是做得过头了,连欠债都成了处乐之法,想必是没人敢找他讨债的缘故吧。今天,我赞成这个说法,则是从理财的角度。

如果你三十岁以上(你独立生存并经历了房价飞涨的十年),你会发现身边那些勇于张开嘴借钱的人都发财了。我2007年买房,没有借钱,自己也有几分自豪。不过转瞬之间便发现,如果自己在2004年借钱凑足这笔钱的话,当时可以买两套房,并且在2007年还清欠债。很多同等资质的人,因为在借钱这个问题上的观念做法不同,而造成个人财富上的很大差距。这只是寻常百姓之间的比较。

企业更是如此,本身就有一个"合理负债率"的说法,理论上,零负债的企业是不健康的。现实中,中小企业普遍面临融资贷款难的问题,银行放贷倾向大企业,结果真就像人们所说的:谁贷的款最多,谁的老板当得最大。那些大老板,哪个不是上亿贷款。

所以,强化一下这个借钱的观念,对像我这样相对保守的青年是有必要的。

当然,据说现在民间高利贷盛行,如果你本身就是个风险偏好型的人,还是要小心一点。理财,同样要讲究中庸。

两种动力

📖 文正语录

天下事无所为而成者极少，有所贪有所利而成者居其半，有所激有所逼而成者居其半。

《曾国藩家书》同治五年六月十六日与纪泽纪鸿书

【谷园解读】

成就事业，需要两种动力：一是野心、欲望——要获取，是主动的；二是压力、尊严——要改变，是被动的。一个人要是无欲无求、无忧无虑，也就没心思做事了。

野心和欲望是人的本能，要生存、要保持竞争中的优势，就得不断地获取、占有，这是一种主动。大的野心和欲望代表着更强的生命力，对于一个病恹恹的人来讲，能活着就是幸运了，哪里还会想做多大的官、挣多多的钱、成多大的名，恐怕连性欲都没有了。如果没有野心，人类怎会登上月球？如果没有欲望，人类如何繁衍？要彰显生命的活力和价值，成就大的事业，培育野心和欲望是必须的。当然，世间一切事物都遵循物极必反的规律，要把握尺度，因为没有做到适度而出现问题的，绝不在少数。

有时，则是一种被动。命运让你身处内忧外患的境地，前有悬崖、后有追兵、左有豺狼、右伏杀机，你只有拼命杀出一条血路来才行。也可能，本来你的处境不错，但一件事、一句话、一个人刺痛了你的自尊心，你发誓要改变，要争这口气。当代最牛的书法家启功，少年时字写得并不好，但画画很棒。有一回他叔叔看到他的画非常喜欢，就请他回头画一张送给自己。小启功满心欢喜地答应。可叔叔临走时，又说了一句：画上就不要题字落款了，只钤印章就行了。这一句话成就了一代书法大家。有大学生考研没考上，考公务员没考上，到公司做也不得志，索性此地不留爷，自有留爷处，处处不留爷，爷去投八路，自己创业，结果一发不可收拾，做成了不起的事业。

用人者只有认清人做事的动力所在，加以引导，才能玩得转，用得顺。

不归路

文正语录

兵凶战危,一经带勇,则畏缩趋避之念决不可存。

《曾国藩家书》咸丰五年十一月初四日与诸弟书

【谷园解读】

战争是残酷的,置身其中的军人,只有一个字"拼",无路可退、无处可逃。反映斯大林战役的电影《兵临城下》有一个情节:一列火车把新兵拉到前线,每人领上一杆枪,便向前面敌军的阵地冲去。枪很快发完了,没有拿到枪的新兵跑在后面,等前面的战友被打倒,就捡起枪来继续冲。敌军火力太猛,冲锋的士兵一片片倒下,有的就开始往回跑。军官大声警告:继续冲,否则格杀勿论。然后用机枪向这些退缩的士兵扫射。

有句话:商场如战场。创业的路没有这么血腥,但同样是一条不归路。

我们看到很多成功人士一身病,但坚持工作。比如赵本山拍片现场脑溢血,抢救过来,保住一条命,照理钱有的是,回家养老,享受天伦之乐多好啊,可他不久就回到片场,继续拍片。大导演冯小刚得了白癜风,面目全非,而这个病早期其实是可以治好的,关键不是靠吃药,而是靠减压,把所有的工作都放下,玩两年准好,但他放不下。他们这是为什么呢?两方面:一方面是对工作的热爱,工作狂,这种人如果累死在工作岗位上,他自己会觉得是死得其所;另一方面是停不下,是不得不干,哪个成功者后面都有一大帮子弟兄、员工,这些人跟着打天下,一起混饭吃,你要是撒了手,他们怎么办。

前两天,我的朋友告诉我,要贷款八百多万,买下一个厂区。而目前他的企业利润,还不足以偿付一年七十多万的利息。我很为其担忧,但听他介绍企业发展的形势,似乎没有别的选择,要做这个企业就得冒这个险。

现在国家鼓励大学生创业。这个提法不知有多少大学生可以接受,创业的艰辛与压力可不是谁都受得了的。当然,也不尽然。松下幸之助称自己当年选择创业,是因为自己身体不好,不适合给人打工。后来,他自己做企业时,经常一年里有两个月在住院。

可见，事在人为，若是玩得顺，做老板自然也有其舒服宜人之处。

曾国藩还讲过，"毋畏图始之难，必有观成之乐"，"能吃天下第一等苦，乃能做天下第一等人"。因此，如果你已经走上了创业的路，那就坚持走下去吧。

先求不败

文正语录

天下古今之庸人，皆以一惰字致败；天下古今之才人，皆以一傲字致败。

《曾国藩家书》咸丰十年九月廿三日与九弟国荃书

【谷园解读】

关于懒惰和傲慢的危害，大家一想就明白，曾国藩又如此强调，更应当深刻反省。这句话对我们还应当有一个启发，就是我们都应当认真想一下，什么会让我们"败"。

影星成龙做客央视《艺术人生》，谈到自己一直感谢父亲对自己的忠告。在成龙17岁时，父亲迫于生计，去海外挣钱，临走时嘱咐成龙牢记：第一不要吸毒贩毒；第二不能加入黑社会；第三不能赌博。我看到这一段时，心底还觉得挺好笑的，怎么还用嘱咐这些呢？转念才想到，这些其实是一个人生存的底线，只要你不沾这三样，哪怕你什么也不做，还能吃救济度日。你要沾了其中一样，可能活着也会成问题。

网上报道，英国有一位"史上最有钱离婚女人"，十年前与富豪离婚时分得10亿美元，近日宣布破产。10亿美元按我们的想象，怎么也不可能10年内都花光吧。事实上，这位富婆的钱不是被花光的，而是为了挣更多的钱，大肆贷款投资房地产，最终赔光的。从这里，我们会发现，人的"败"，其实很少是因为懒惰，而是因为欲望太大！

有本财经书《大败局》专写那些曾经叱咤风云，最后却败得很惨的企业家。比如三株口服液、秦池酒等企业的老板，出书时三鹿还没有垮所以没入选。其中还有一位牛人，就是爱多VCD的老板胡志标，当年他27岁做到了27亿销售额，其兴也勃焉，其亡也忽焉，公司倒闭后，他坐了6年牢，出狱后创立了一家管理咨询公司，公司字号就是"立于不败"。

不败，意味着不一定做大，但一定长久。

知足者常乐，知止者不败！

不能靠运气

文正语录

吾辈不恃天人之征应，而恃吾心有临事而惧，好谋而成之实。

《曾国藩家书》同治二年十二月初十日与九弟国荃书

【谷园解读】

虽然曾国藩是相面高手，但他的目的在于观人、识人、用人，而不是一般的算命先生那样去给人预测前程、姻缘、财运。而且他是极反对算命的，曾讲"逆亿命数（算命）是一种薄德"，儒家强调"知命"是指对命运的敬畏与顺应，而不是预测命运。

这里所讲的"天人之征应"，也是指占卜、征兆的意思。古人对这一点非常重视。我们最早的文字是甲骨文，刻在龟甲上的商周时期的文字，其内容多数都是占卜方面的。战争等大事件的决策，都要先占卜一下吉凶，看一下天意。《周易》本来就是一本占卜书。征兆则包括一些自然现象，比如彗星、陨石、雷击、自然灾害等，还有谶语。当这些征兆出现时，人们会认为是上天启示社会要发生某种变化。东汉开国的刘秀就自己策划了有利于他称帝的谶语。

像刘秀这样利用人们迷信征应心理的聪明人还有很多，比如北宋大将狄青。一次出战前，他在全体官兵面前举起一大把铜钱祈祷上天：我现在要把这把铜钱撒在地上，请上天给我们启示，如果此战可胜，就让铜钱正面朝上，否则就朝下。然后撒在地上的铜钱竟然真的全部正面朝上。全军欢腾，士气大涨，之后果然大获全胜。后来人们才知道，那一把铜钱是狄青特制的，两面都是正。

到清代这种迷信还是很严重，甚至还有让妇女脱了裤子站在城墙御敌的荒唐事，因为有个说法是，这样敌人的大炮就打不响。即便今天，迷信似乎仍有余存，很多企业老板家里供关公、供财神，农村很多家庭都用黄历当日历，什么今日不宜出行、不宜动土之类的，乱七八糟。

作为现代青年这种迷信相对少一些了，但不少人仍然经常有碰运气的想法，脑袋一热就去干，这是不对的。做事情，应当有一个老实态度，"临事而惧，好谋而成"这是孔子的话，对待事情要小心谨慎，精心谋划，才是成功的保障。

有梦想就有希望

文正语录

凡将相无种，圣贤豪杰亦无种，只要人肯立志，都可做得到的。

《曾国藩家书》同治二年十二月十四日与纪瑞书

【谷园解读】

陈胜、吴广的起义虽然败了，但喊出的那句"帝王将相宁有种乎"的诘问像一道闪电，照亮千百年来无数胸怀大志的草根青年的心。这是招展在空中的理想主义大旗，是燃烧在心中的理想主义火焰。这个句式很棒，强迫着你扪心自问，为之反思。

是啊，街头的混混刘二狗和要饭的朱和尚都做了皇帝了，倒腾家电的黄家兄弟成首富了，邻村小结巴成大款了，坐后排的假小子成歌坛天后了。凭什么就你不行呢？

有时人生就像抓彩票，谁也不敢说谁肯定抓不到500万。

我首先要强调的是梦想。不论你现在干什么，不论你怎样的出身、家境、学历、修养、底子、实力、职业、专长……只要你活着，有梦想，就有希望。

在梦想通向希望的路上要做的第一件事，就是立志。如果说梦想是浪漫的，那立志则是务实的；如果说梦想还停在空中，那立志则已经在地面上前行；如果说梦想还是朦胧的，那立志则是有明确方向的；如果说梦想是轻松的，那立志则是沉重而决绝的。

曾国藩现身说法：他本是一个资质平常的农家子弟，却能位极人臣，建功立业，这种脱胎换骨般的升华，如果说是因为吃了什么灵丹妙药的话，那这颗金丹即是立志。当年他是那样恶狠狠地告诫自己：不为圣贤，便为禽兽！

学生时代我就喜欢书法，当时写得最多的就是一副著名的立志联，这里与您分享一下吧：

有志者，事竟成，破釜沉舟，百二秦关终属楚；

苦心人，天不负，卧薪尝胆，三千越甲可吞吴！

进退之间

文正语录

不轻进，不轻退。

《曾国藩家书》咸丰八年四月十七日与九弟国荃书

【谷园解读】

这六个字是曾国藩军事理论的核心，据说蒋介石也常把它挂在嘴边。其涵义丰富，不轻进强调一个稳字，稳扎稳打、谋定而后动；不轻退强调了一个韧字，坚韧不拔、坚持到底。有句俗话也是六个字：一不做，二不休。与此同义，凡事要计划周详，要么不做，要做就一做到底。不休就是不停。

不轻退是必须的，这个好理解，带兵打仗要总是"退"，那就没法打了，直接举白旗投降得了。曾国藩带领的湘军以扎硬营、打死仗而闻名，正是印证这个不轻退的意义。

关于不轻进，曾国藩对将领反复强调，"宁可数月不开一仗，不可开仗而毫无安排算计"。他认为那种没有算计、小打小闹、胜败都意义不大的"浪战"是非常有害的。因为这样的战斗一方面会让兵勇疲沓，另一方面则锻炼提升了敌兵的战斗力。要打就打大仗，而且要算计准了，要打赢！

不轻进的反面就是冒进，冒进意味着高风险。冒进的极端我们有个"大跃进"，很多政府行为都爱犯冒进的毛病，因为好大喜功，便大干快干，常常干着干着就被问题卡住了，于是建了拆、拆了盖，浪费资源，虎头蛇尾。

在军事之外，进还是退，在政治、人生、事业、生活、交际、交流中同样经常要面对，这几乎可以上升到哲学层面。老电影《南征北战》里有句很经典的台词："今天的撤退，就是为了明天能够大踏步地前进。"

进退之间充满着智慧！

不放弃不放松

文正语录

见得年纪已大，功名无成，遂有懒惰之意，此万万不可。

《曾国藩家书》道光二十七年二月十二日与诸弟书

【谷园解读】

这里讲的年纪已大，不见得就很老。很多年轻人，工作不过十来年，便失了锐气，开始混天度日。《增广贤文》里有一句：出家如初，成佛有余。这句话内涵丰富，一种解释是，出家人要是能一直保持着小和尚的那种虔诚、恭敬，那种热情，修成正果就没有问题。可惜的是，多数人由新兵蛋子的理想主义，跟现实对了对火，很快就变成了老兵油子。

另一种情况确实是岁月磨人，磨掉了棱角，磨没了火气，黯淡了希望，这时就要思考一下。

《三字经》中讲：苏老泉，二十七。始发愤，读书籍。若梁灏，八十二。对大廷，魁多士。这个苏老泉就是苏东坡的父亲苏洵，用今天的话说，他二十七岁才开始复习准备高考，后来则成为一代大家，而且教子有方，两个儿子都成为千古杰出人物，史称"三苏"，有此殊荣的父子，历史上仅有"三曹"（曹操、曹丕、曹植）堪与媲美。梁灏是宋代的，在八十二岁时才考中状元。也许你要说，八十二了才中上状元，还有什么意义呢？那么照你的思路，人生又有什么意义呢？孔子说：朝闻道，夕死可矣。这一生，不论早晚，只要能实现你的一个理想，不也就值了吗。有的人是上帝的宠儿，年纪轻轻就或权贵或成名，但毕竟是少数，成功通常需要一个漫长的周期来积累。对于有的人来说这个周期更长一些，所谓大器晚成。齐白石四十岁之前还是一个雕花木匠，姜太公八十还在默默钓鱼，陶博吾临死才被人发现其书法水平比肩古人。还有一些人死后才真正成名，被历史认可，如中国的徐渭（徐文长）、外国的凡·高。

对于那个梦想，我们要做的是不放弃，不放松，用一生去不懈追求。

忙就对了

📖 文正语录

天下断无易处之境遇，人间那有空闲的光阴。

《曾文正公全集》【一】求阙斋日记类钞 卷上 问学

【谷园解读】

天下没有什么事是玩着就能干的，人活着哪里有什么真正空闲的时间啊。曾国藩这样的官位，用日理万机来形容是不过分的，可以想见他的繁忙。

中国人见面打招呼，有两句话最常用：吃了吗？忙吗？

虽只是一个比较通用的招呼方式，我却总是老实地回答。只是"吃了"或"没吃"，这个好区分；"忙"或"不忙"，却不容易区别。有时在QQ上，我会回答：永远忙。生命不息，忙不停。这让对方很为难，下面的话似乎进行不了了。工作不忙，可能生活忙，生活不忙，那还有学习呢，读书是可以随时随地做的，有一张纸一支笔就可以背临千字文，还有健身也是可以随时随地做的。永远有事得做，永远忙。

以前的教育里，批判资本主义把人异化了，如卡夫卡的《变形记》所写的，工作把人压迫得变成了机器或怪物。事实上，我们中的很多人特别是相对精英一些的群体也正走在这条路上，大家恨不得把一天掰开成两天用。为了更有效地利用好时间，甚至产生了很多专门针对时间管理的培训课程。我听过一个叫博文崔西的人讲的，那种对时间的所谓有效利用近乎变态。

鲁迅说，自己把别人喝咖啡的时间都用在了写作上。在激烈的竞争环境下，各方面都差不多的人，只有拼时间，谁在一件事上，用的时间多，下的工夫大，谁就可能胜出。人往往是越上年纪，才能越觉时间可贵，才能发"逝者如斯夫，而未尝往也"、"尺璧非宝、寸阴是竞"这样的感叹。青少年时则缺少这样的紧迫感，人在时间利用上的差距，也便容易在这一阶段拉开。而人生事业正是在这个阶段打下基础。朱熹讲，学习就像熬肉，要先用猛火煮，再用慢火温。青少年学生时代这把猛火没有烧，以后就没时间了。我就遗憾自己学生时代读书太少了。

当然，也要有一个冷静的反思，我们的一切奋斗，其实正是为了获得更多的闲暇来做自己喜欢的事。一辈子也没有闲下来，就太亏了。最好还是调整一下节奏，做到劳逸结合，张弛有度。

风水意识

文正语录

为二亲求一佳城，不必为子孙富贵功名，但求山环水抱，略有生气。

《曾国藩家书》咸丰八年八月初十日与诸弟书

【谷园解读】

这是曾国藩给弟弟们的一封信里提到的，希望给父母找一块好坟地。他的言下之意，还是希望有一个好风水，能够福荫后世。

风水也称堪舆之学，《说文解字》中解释：堪，天道；舆，地道。单从这个称谓，可见中国文化中对风水学的推崇。风水与中医一样，相传几千年，自成体系，在现实生活中被运用，被很多人所认可，但不能被现代科学所解释，因此便被批之为迷信。其实，以历史唯物主义的态度，人类应当承认自己对自然界的认识还是很初级的、很肤浅的，对那些科学解释不了的东西，应当抱持开放的态度才好。

关于风水有很多传奇故事，最有名的一个是：武则天派两位风水师袁天罡和李淳风去选建皇陵之址。袁天罡走遍天下终于勘定一地，并埋下一枚铜钱，作为标记。李淳风遍访名山，最终也选定一处最佳风水宝地，并钉下一个钉子作为记印。按两人的复旨，武则天派大臣来实地考察，一锹挖下去，竟然正是一枚钉子扎在铜钱的方孔之中。于是乾陵便建于此。当然，这个事似乎太玄了，精确制导导弹还有个几米的误差，几百万平方公里找这么一个点，一丝不差，除非两人商量好一起弄的。

我不懂风水，但赞成曾国藩所说，"但求山环水抱，略有生气"。我们在清东陵就很容易感受到这么一种气势。现在房地产已经做到了阴间，墓地比阳宅还要贵，寻常百姓讲不起风水了，不过，看着顺溜应当是起码的。

中国古代的地理学与风水堪舆是不分家的，军事学中对地形、地势的分析与堪舆学联系紧密，现代商业同样把地理位置作为影响企业效益的一个重要因素，特别是零售业企业的成败很大程度上取决于店面的位置。

风水的意识会使我们对空间与位置的感受和理解更加丰富。

不过，这里要明确一点，曾国藩并不怎么信风水。他祖父立下家规：不信医药、不信僧巫、不信地仙。他自己也说，"天下信地信僧之人，曾见有一家不败者乎？"

敬畏之心

文正语录

功名之地，古人所畏，余亦常存临深履薄之念。

《曾国藩家书》咸丰十一年十月十四日与四弟国潢书

【谷园解读】

为官这条路，自古就充满风险，对此要有清醒的认识，要心存敬畏，小心从事。《诗经》讲，要"战战兢兢，如临深渊，如履薄冰"，就像走在万丈深渊的边上，就像走在薄薄的冰上。我的一位领导则说，当官就像走在地狱的镶金的边上。

在官场潜规则、政治斗争、金钱、权力、政绩、良心、贪欲等各种力量的撕扯下，做个稳当官，真是不容易，连《人民日报》都开始讨论县委书记是高危职业。

其实，何止做官，人生事业就像爬山，越往高处走，山势越陡峭，越危险；很多人常常知难而退，所以平凡的人总是多数。要想成功就要面对风险与挑战，所谓"富贵险中求"，但不能鲁莽，不能凭一种无知者的无畏。孔子讲，"必也临事而惧，好谋而成者也"。就是你得知道害怕，然后谨慎对待，认真谋划，考虑周详，才能成功。

人因为知道疼痛，才能及时发现受到的伤害；人因为知道恐惧，才能避免危险。

不怕没有信仰，只怕没有敬畏。上帝要让谁灭亡，就先让他疯狂。切记！

上场当念下场时

文正语录

盛时常作衰时想,上场当念下场时,富贵人家,不可不牢记此二语也。

《曾国藩家书》同治元年闰八月初四日与四弟国潢书

【谷园解读】

明末东林党人讲,家事、国事、天下事,事事关心。我们要想对自己的人生有一个全局性的把握,就不能不了解国家和世界发展的潮流。个人不过是这潮流中的一叶小舟,顺流则行,逆流则覆。在这个潮流中,我们应当看到一点,即资本的稳定性和影响力在不断提升,而政治上取得的成功、权力是越来越靠不住的了。

从世界的范围看,伊拉克的萨达姆被绞死了,埃及的穆巴拉克被软禁了,利比亚的卡扎菲也风雨飘摇,还有韩国的几任总统转身即为阶下囚。让人想到苏东坡在《赤壁赋》中的感慨,"固一世之雄也,而今安在哉?"

陈良宇、陈希同等高官也算是"位极人臣",说倒就倒。有资料称,去年全国有五千多名县处级以上官员被双规。而几天前,我刚听一位乡镇的官员讲:在我们这样的县级城市里,一个人做到副处,就堪称辉煌了。

当然,绝大多数的官员能顺利退休,但同样要面对失去权力光环后的人际关系、人生价值、幸福指数等问题。

山不转水转,三十年河东、三十年河西,凡事皆有周期,有盛必有衰,对这些可能发生或者将要面对的问题有一个清醒的认识,才能明白现在该怎么做。

曾国藩的很多思想源自他祖父,一个很强悍的农民,老爷子的话很朴实:晓得下塘,也要晓得上岸。

本书在印刷前的最后审校时,编辑对我讲,这一篇要修改下,因为利比亚领导人卡扎菲已经死了,而且死得很惨。我想,不如不改了,立此存照。唐代大诗人李贺有句诗:"黄尘清水三山下,更变千年如走马。"世界变化多快啊,人生岂不更是如此,怎能不慎啊!

最靠得住的是自己

文正语录

危急之际，惟有专靠自己，不靠他人为老实主意。

《曾国藩家书》同治元年九月廿六日与九弟国荃书

【谷园解读】

你的危急被周围的人发现时，各自会做利害的分析与判断，以确定帮助你，还是远离你，抑或是害你。

那些潜在的敌人，发现这正是落井下石的好机会，正是趁你之危将你做落水狗痛打的好机会；原本追随你的人，不想在你死时做垫背，想投奔他人，会叛变，树倒猢狲散，时穷节乃现；你的盟友则会考虑你是否还有救，是否值得救，救你的钱会不会全打了水漂，并最终选择袖手旁观。越是危急时刻，越是孤立无援，甚至雪上加霜，俗话说"祸不单行"，其原因常在于此。此时尤其要打定主意靠自己，靠别人可能更糟。

另外，现实中很多危急状况出现时，你可能根本指望不上别人的帮助，或者来不及等别人的帮助。这就需要我们学习一些危急自救的技能和知识，而且要尽量提升自己的体能。比如，孩子被开水烫着了，第一时间你要怎么做；真要是像电影《荒岛余生》似的，哪一天把你自己扔到一个荒岛上，你能撑到有人来救你吗；闹洪水时，会不会游泳；等等。

在这个专业化分工日益精细的时代，很多与生存有关的技能，可不要被我们"专业"掉啊！

凡事留有余地

文正语录

平日最好昔人"花未全开月未圆"七字,以为惜福之道、保泰之法莫精于此。

《曾国藩家书》同治二年正月十八与九弟国荃书

【谷园解读】

凡事留有余地、留一点量、存一点缺憾,就像那含苞欲放的花和将圆未圆的月,这种状态是最让人踏实、最安全稳定的。

花开全了就要谢了,月盈则缺,物极必反,所以老子宁可抱残守缺。

少数人仿佛是上帝的宠儿,命运裹挟着他,走到一个接近圆满的顶峰,比如曾国藩兄弟。此时,他们是怀有一颗对于天命的敬畏之心的,战战兢兢、如履薄冰。湘军攻克太平天国的南京城后,立了首功的曾国荃立即辞官回家,曾国藩则立即着手裁撤遣散湘军。功成身退天之道,这是曾国藩持盈保泰思想的具体体现。曾国藩命名自己的书房为"求阙斋",所谓"求阙"就是希望保留一点缺憾的意思。

现实中,很多人不懂得这个道理,不知道见好就收,而是得陇望蜀,没完没了,人心不足蛇吞象,出问题是必然的。

经营企业也是如此。松下幸之助有一个著名的"水坝理念",就是强调企业在设备、资金、库存等方面都要留有余量,这样才能对各种情况应对自如。某家企业的十六字经营理念中便有"留有余地"四字。

养生亦如此。吃七八分饱最有利于身体健康,这是给肚子留点余地。

做事,我们常讲不要做绝,也是强调这一点。

活着才是王道

文正语录

《礼》云："道而不径，舟而不游。"古之言孝者，专以保身为重。乡间路窄桥孤，嗣后吾家子侄，凡遇过桥，无论轿马，均须下而步行。

《曾国藩家书》同治二年二月廿四日与纪泽书

【谷园解读】

《礼记》讲，有大道就不要走小道，因为小道上可能遭遇强盗；过河时，有船可坐，就不要在意费用非要游泳过去。古人讲孝道，强调保身最重要，保身就是要健康、要活着。山路狭窄、小桥不稳固，这时，不论是骑马，还是坐轿，务必要下来步行过去，以避免意外危险。

子女健康、平安，是天下所有的父母的心声，他们不图你给多少金银、挣多少面子，甚至也不必你常回家看看，他们只要你健康、平安。人世间最大的不幸是白发人送黑发人，孝顺的底线是活着，人生的底线同样是活着。

关于"活着"，有两部电影可以看，一是张艺谋拍的《活着》，被网友誉为国产电影的巅峰之作，另外一部是获得奥斯卡多项大奖的《钢琴师》，都是讲人经历命运的百般摧折、万种磨难，但仍坚持活着。让人感受到，活着便是对生命最崇高的礼赞。

然而可悲的是，人往往直到将要失去时，才懂得珍惜。国内互联网刚兴起时，青年陆幼青（37岁）发在网上的《死亡日记》，记述自己生命的最后时光；今年复旦大学教师于娟（32岁）则在网上留下遗作《此生未完成》，读来都让人痛醒。再看看我们身边同龄的朋友亲人，有多少已经撒手人寰。面对死亡，什么名利权情，神马都是浮云！

因此，严厉查罚酒驾是非常对的。而见义勇为的做法也值得思考，社会有其原始生态的一面，草原上狼在追杀羊，那么你会冒着自己被吃掉的危险去制止狼吗？

关于活着，还有一个很大的社会问题：自杀。书写此文时恰听广播里说苏州大学一对男女学生跳楼自杀。每个成年人，特别是为人父母者听到这样的消息，定然都会感叹：这两个不懂事的孩子啊！世界上有很多错事，你都可以去做，然后可以后悔、可以改过，唯独自杀这个最错、最蠢的事不可以。所有自杀的理由都不如活着更重要。

活着,这个主题不但适用于人生,同样适用于企业,也适用于一切有生命力的事物与状态。

活着才是王道!

治病三分靠医生七分靠自己

文正语录

凡医生危言深语，切弗轻信，尤不可轻于服药，调养工夫全在眠食二字上。

《曾国藩家书》同治五年八月十四日与纪泽纪鸿书

【谷园解读】

曾国藩有癣病，折磨了他一辈子。主要是长在躯干上，癣的表面有皮屑，类似蛇身上的鳞，民间便传说他是巨蟒转世，一方面说他狠毒，另一方面说他注定位极人臣，因为清朝高级别的官服上绣的就是蟒，俗称蟒服。这种癣疾一旦发作，就奇痒难忍，就得不断地揉抓，有时被子上都是血迹。痛恨他的太平天国那边为抹黑他，便传言每晚有两个美女专门为他抓痒。

曾国藩这么高的地位，给他治病的自然是当世名医、业内专家，尚且得出如此结论，真让我为国粹中医捏一把汗啊。

现实生活中，我们也会发现很多大人物同样在被各种病折磨着，这更让相同病症的普通患者们感到绝望。癌症姑且不论，一些貌似很常见、很普通的病，如近视、糖尿病、高血压、某些皮肤病、各种慢性炎症、脱发、男科、妇科等等，似乎都治不好。电视上、报纸上的广告几乎一大半都是关于治疗这些疾病的，其中骗子居多！

渐渐地，大家有共识了，治病要到什么三级甲等医院，结果"黄牛党"倒号成风。可是您想，那些一天看上百个病人的医生就像切菜似的，心急火燎的，能行吗？

很多急性病，住院、输液、开刀，是没问题的。问题是一些慢性病，西医搞不定，又找中医，而中医医术的传承早已出现了危机，但中医思想却日益深入人心，这似乎是一个悖论。

曾国藩所讲的"调养功夫全在眠食"就是很典型的中医思想。我的体会是饭可以少吃，觉不能少睡。而且午睡很有益，有人说午睡相当于喝牛奶，我则把午睡比作电脑重启，只要你睡着了，哪怕只有一分钟，身体也会有一个全面的放松。病从口入，很多病都是吃出来的，包括饮酒，吃高脂、垃圾食品等，都把好人给吃坏了。生了病，尤其要忌口，什么能吃，什么不能吃，更要在意。吃得适宜，睡得香甜，精神就放松，身体自身的修复功能就能发挥好，病自然会渐轻渐小。

有人讲健康有四大基石：平和的心态、均衡的营养、适量的运动、充足的睡眠，这是非常有道理的。

中医讲"三分治，七分养"，我们也可以更明确一点：治病三分靠医生，七分靠自己。

很多时候，只有你最了解自己的病。

和 为 贵

文正语录

兄弟和，虽穷氓小户必兴；兄弟不和，虽世家宦族必败。

《曾国藩家书》道光二十三年二月十九日与父母书

【谷园解读】

儒家讲究"孝、悌、忠、信、礼、义、廉"，"悌"即指兄弟之间的互相敬重与爱护。它排在仅次于"孝"的位置，足见传统中对这种关系的重视。

儒家强调秩序与规则，对各种人际关系都有明确的规定。比如君为臣纲、父为子纲、夫为妻纲。兄弟之间则强调长兄的权威，有父从父，无父从兄，皇位一般要传给长子。这些思想长期以来深入人心，使各种关系中的不同角色各安其位，从而避免了很多矛盾。可以说，这是"和"的一个重要前提。

《曾国藩家书》让我们看到曾氏兄弟是"兄弟和"的典范，曾国藩曾说，他把教育兄弟，作为自己尽孝的方式。他的这种教育不厌其烦、直言不讳、开诚布公，有时也极尖刻。弟弟们有时也会驳斥，其中一次写道"月月书信，徒以空言责弟辈，却又不能实有好消息，令堂上阅兄之书，疑弟辈粗俗庸碌，使弟辈无地自容"。意思就是，你每月来信，拿一通大道理来指责兄弟们，一点实际有用的也没有。这信让父亲看到，还以为我们这帮兄弟都是白痴呢。九弟曾国荃后来战功烜赫，脾气也大，对于曾国藩也经常有一些指责，包括反对曾国藩纳妾等。但这样的沟通，更多的是一种互相砥砺，是对修身、处事、决断等方面的探讨和经验分享。这种亲密有效的沟通，可以说是"和"的关键，最终使他们携手成就大事。

世上有兄弟决裂的，多是因为利益，为了分家产甚至对簿公堂。我曾去参观某著名国画大师的师生画展，现场只看到这位大画家的遗孀和小女儿。知情者说，画家的三个儿子为了分画，早就跟他母亲闹翻了。可见，利益的公平分享，以及当事人之间的妥协也是"和"的基础。

明确的规则约定、有效的沟通、利益共享，这是"和"的三大基石，适用于各种关系的处理。小至家庭，大至企业，再大至国际，守此三者，则无不和之理。

和即和平、和谐、和气,这是促进发展的宝贵的基础。

天时不如地利,地利不如人和。

家和万事兴。

和气生财。

和为贵,和必贵。

另外,《论语》里讲,"君子和而不同"。在"和"的过程里及状态下,彼此应当尊重并保持各自的个性。

兄弟最无间

文正语录

"于兄弟则直达其隐，父子祖孙间不得不曲致其情"，此数语有大道理。

《曾国藩家书》道光二十三年六月初六日与温弟书

【谷园解读】

兄弟之间可以直言不讳，怎么想的就怎么说；父子、祖孙之间则需要相对委婉一些。

家庭是人生的主题，我们看电视剧十有八九都是家庭的事，中国最牛的小说《红楼梦》也是家庭、家族里的是是非非，都是家长里短。大家从里面看到自己，便跟着悲喜。是啊，家家有本难念的经，清官难断家务事，写出来，都是好小说，拍出来都是好电视剧。人在外面时，都多多少少地带个面具什么的，回到家当然把面具摘了。这时，如果还是一个小家，夫妻和一两个孩子，这还没有问题，大不了两口子吵吵架。但要是大家，比如三代同堂，婆媳关系放一边，这时的父子、祖孙之间便要讲究一下说话的方式了。当然主要的原因还是代沟问题。就像崔健的歌唱的，"不是我不明白，是这世界变化快"。古代社会的发展是相对平缓的，而且有很稳定的价值体系，几代人之间的观念差异小，没有代沟问题，所以几代同堂而且相对和谐。现代人如果还坚持这样，其实是不明智的。在经济条件允许，父母不需要人照顾的情况下，与子女分开住是有利于家庭关系融洽的。

刚才说到代沟问题，兄弟之间没有此问题，从小一起玩、一起成长，是天然的知己，理应最容易做心灵沟通，互相批评、砥砺，共同发展。然而现实中兄弟反目者却很多，著名的鲁迅与周作人的反目据说是因为一方偷看另一方的老婆洗澡，这是特例。多数是因为财产和一种竞争心理。古代则明确兄弟之间要"悌"，这是仅次于孝的原则，而且在财产继承上也明确嫡长优先的原则，从而大大消减了兄弟间可能的矛盾因素。

抗战期间，国共合作，提出"兄弟阋于墙，外御其侮"，这是《诗经》里的话，意思是，兄弟在家里打架，但有外人来侵害家庭时，则一致对外。

俗话讲：打仗亲兄弟，上阵父子兵。血浓于水，你的同胞兄弟姐妹是陪伴你人生最长的人，也是你最忠实、稳固的依靠。

传统好女人

文正语录

新妇始至吾家,教以勤俭。纺织以事缝纫,下厨以议酒食,此二者,妇职之最要者也。孝敬以奉长上,温和以待同辈,此二者,妇道之最要者也。

《曾国藩家书》咸丰六年二月初八日与诸弟书

【谷园解读】

曾国藩讲过一个谚语,"教子婴孩,教妇初来"。这段话就是给新媳妇立规矩的。不过,这规矩其实也反映出作为一个传统的好女人是怎样的职责和标准。为人妻者,要勤快、要节俭。平日里要纺线织布,给大人孩子做衣服、鞋袜;要会蒸馒头、包饺子、烧得一手菜,最好还会酿酒,一家人的一日三餐要不含糊。这两样活是妻子最主要的职责。要孝敬父母长辈、善待兄弟姑嫂平辈,这两点是妻子最主要的品德,当然爱老公就不用说了。

那么,古代的女人真都这么贤惠吗?当然不是,那样的话,中国古人的婚姻生活未免就太单调了。古代照样不乏泼妇、悍妇,《聊斋志异》里便描写过几位,都堪称极致。另外,很多怕老婆的故事也脍炙人口,比如河东狮吼,来自于苏东坡调侃朋友陈季常(号龙丘)的诗:"龙丘居士亦可怜,谈空说有夜未眠,忽闻河东狮子吼,拄杖落地心茫然。"这个故事头两年被改编成了电影,青春喜剧。其实从"拄杖落地"可见当时陈季常已是老头,老太婆吼他两句实在是人生中最温馨的情景。如果是年轻的泼妇,明地里吼她老公,实际上却要敲山震虎让其公婆好看,那样的话,苏东坡断不会有此赋诗雅兴。

不过,绝大多数的中国女人在两千多年的封建时代,是普遍遵循、实践着"妇职"与"妇道"的。

关于妇职,有一个概念"女红(gōng)",就是从小女孩就要学习的纺织、缝纫、刺绣等女人要做的活,我还听一个女书法家说,书法也是一门女红。对于女红的讲究延续到了我母亲这一代,她们当年结婚时的几大件里都还有缝纫机,到我妻子这一代渐成绝响。而且上得厅堂的渐多,下得厨房的渐少。

关于妇道，孟子说，"以顺为本，妾妇之道"，要顺从，顺从什么呢？未嫁从父，既嫁从夫，夫死从子。这就是"三从"，出自《礼记》。《礼记》里还规定了"四德"：妇德、妇言、妇容、妇功。就是要品德好；要言辞安定，善解人意；要端庄大方；要有勤俭持家、相夫教子的功夫，"家中兴衰，全系乎内政之整散"，曾国藩在家书中就经常对他夫人的内政管理提要求。当然，让我女儿这样，我也不愿意。不过，不应当仅做字面上肤浅的理解，要想做一个传统的好女人，从这里应当是有所借鉴的。

女人若想通过征服男人来征服世界，那么修炼成一个让男人向往并且愿意娶回家的传统好女人是最有效的办法。

既要有真爱，又要有浪漫

文正语录

无本不立，无文不行。

《曾国藩家书》咸丰八年正月十九日与九弟国荃书

【谷园解读】

这是一句很经典的话，原出自《礼记》，曾国藩在家书中多次引用。经典的话都有着丰富的包蕴性和启发性，它就像一个筐，很多东西都适合用它来装。

以做人来讲，没有实在的能力就站不住，这是本；没有为人处世的技巧就行不通、吃不开，这是文。

以作文章来讲，主题内容要有思想、有道理、有意义才能立论，这是本；文字语言要生动、有特点、让读者喜欢才能行世，这是文。

《史记》被称为"史家之绝唱"，强调其史学价值，这是本；又被称为"无韵之离骚"，强调其文学价值，这是文。《菜根谭》之类的书也是既富哲理，文字又极优美，朗朗上口。经典作品皆如此。

唐代草书家孙过庭认为高明的书法要"文质彬彬"。"质"是本，即法度、功力；"文"则是创新、创意、个性特色。"彬彬"即融合。

作为一名员工，既要做好工作，这是本，又要让领导知道，这是文。

作为一个产品，既要质量好，这是本，又要做好产品设计，包装好，要打广告，这是文。

关于爱情，既要有真爱，这是本，又要讲一点浪漫与情调，这是文。

这样的句式，你也可以写下很多。

嫁人就嫁灰太狼

文正语录

儿女联姻，但求勤俭孝友之家，不愿与宦家结契联婚，不使子弟长奢惰之习。

《曾国藩家书》道光二十四年五月十二日与父母书

【谷园解读】

曾国藩家书中提到，有个常家想把女儿嫁给曾家，可曾国藩听说这个姓常的人本身就是个官二代，经常对人说"我爸是李刚"，宝马、豪宅、一帮保镖，牛气轰轰的。就担心这等人家的女儿也好不到哪去，真要是嫁过来，一怕管不了，乱了家规，二怕把曾家的子弟给拐带学坏了，于是就给谢绝了。

试想，敢与曾家攀亲家，定然也是了不起的大官宦，却讨了没趣，说明官二代的女儿也不好嫁的。最不好嫁的据说是皇帝的女儿，因为娶到家里得贡着，惹不起啊。不过，《世说新语》里记载，有一位驸马爷惹不起、躲得起，跟公主老婆玩冷战，死活不理她。一天朝廷里大赦天下，皇帝把这位姑爷叫到一边讲：天下都赦免了，你家里是不是也得放一马？

嫁入豪门是很多女孩的梦想，国外的父母为此会努力把女儿送到富二代云集的贵族学校，这也无可厚非，林语堂也讲过，女人最好的职业就是结婚。但是，要擦亮眼睛，富二代中类似"艳照门"男主角的纨绔子弟其实蛮多的。俗话讲，女怕嫁错狼，一生幸福系乎此，不能看到好车、好房、大金链子就两腿发软、眼前发黑。

倒是有首歌唱的，我很赞同，"嫁人就嫁灰太狼"。动画片里灰太狼明显是个草根，每天都在依靠自己的努力想办法去抓羊，当然还有老婆给出主意，典型一对创业小夫妻。这样的婚姻难道不是更温暖吗？

给孩子多一些空间

文正语录

吾观乡里贫家儿女愈看得贱愈易长大,富户儿女愈看得娇愈难成器。

《曾国藩家书》同治八年二月十八日与纪泽书

【谷园解读】

曾国藩的这个观点,今天依然在生活中得到验证。农村里有的人家父母在外打工,孩子没人管,一大帮疯玩,好似野草一般,但身体倍儿棒。城里很多独生子女,托在手上怕摔了,含在嘴里怕化了,却常常打针、输液,像个豆芽菜。而且,在老人那儿仍然有个说法,给孩子起个什么狗蛋儿、狗剩儿这样的轻贱的小名会好养活。

唐宋八大家的柳宗元有一篇著名的政论寓言《种树郭橐驼传》,讲一个郭姓驼背老者善种树,而他的种树秘诀就是:科学种植,然后放手不管,让树顺其自然的成长。一般人种好树之后,则"爱之太殷,忧之太勤,且视而暮抚,已去而复顾,甚者爪其肤以验其生枯,摇其本以观其疏密,而木之性日以离矣。虽曰爱之,其实害之;虽曰忧之,其实仇之"。柳宗元以此来讽喻执政者对于百姓的生产生活不要干预太多,否则"虽曰爱之,其实害之"。这也算是鼓吹市场自由主义的先声吧。曾国藩认为这个道理同样适用于养育孩子。

当然,真让谁家对孩子大撒把,谁也不敢。毕竟,现实中多数孩子还是因为家长管得少,才走上了歧途。

只是作为家长,应当把心再放松一些,给孩子多一些空间,让他们多一些劳动和锻炼,让他们自由地发挥,这对他们的成长定然是有益的。

家族传承

📖 文正语录

  吾不望代代得富贵，但愿代代有秀才。秀才者，读书之种子也，世家之招牌也，礼义之旗帜也。

    《曾国藩家书》同治四年五月廿六日与国潢国荃书

【谷园解读】

  这是曾国藩对后辈讲的：我不奢望曾家后代都能大富大贵，但应当代代都出优秀的人才，他要读书上进，奉行礼义，撑得起家族的门面。

  如果不是清王朝旋即覆灭，曾氏后人代代富贵也是可能的，时代变革的洪流之中，富贵不可得，但秀才确实代不乏人，到其第四代、第五代后人时，很多都做了大学教授之类的工作。

  这里面其实包含着中国传统里一个重要问题，即家族传承的问题。古人的家族观念，分三块：一是对过去的祖先的崇敬，要慎终追远，要祭祀缅怀；二是对当下的家族要"齐家"，要振兴，要和谐；三是传宗接代，延续繁荣。关于这第三点，有一些观念，如孟子讲：君子之泽，五世而斩；小人之泽，亦五世而斩。意思是不论君子也好，小人也好，开创的家业能够泽被后代，但最多经历五代就会耗尽。富贵不及三代。

  话虽如此，但我们看诸如洛克菲勒、摩根这样的西方大家族都传了五六代了，中国的荣氏家族也是四五代了，代代富贵。改革开放后崛起的富一代，已经有了富二代、富三代，官二代、官三代也在做官。所谓的"书香门第"反而少有人谈了，而且也没有听过"文二代"。

  前些天，一个大学生对我讲，现在已经进入了"拼爹时代"。

  这个传承的问题，值得思考。

理念篇

广交友

文正语录

乡间无朋友,实在是第一恨事。

《曾国藩家书》道光二十三年正月十七日与诸弟书

【谷园解读】

我跟曾国藩起码有一个共同点:都是农家孩子,生在农村,长在农村,然后通过考试离开农村。

现在我在城里工作,父母也搬到了城里,所以很少回老家了,很少能再跟村里那些从小光屁股一起玩、一起上学的发小儿们欢聚。偶尔他们到城里给我打电话,一起吃个饭,我就非常高兴,觉得心里暖和。但那种逐渐疏远的感觉还是无可避免。曾国藩定然也是因此而感叹,农村里没有朋友,实在是人生中的一大遗憾。

关于交友,常有两个问题:一是大多局限于日常的工作和生活圈子,一大帮朋友往往大同小异;二是交友时功利之心总在作祟,讲究人脉、圈子、交际能力。

其实朋友是我们看世界的窗口,参差多样才是美丽本原。苏东坡自称:吾上可以陪玉皇大帝,下可以陪卑田院乞儿,眼前见天下无一个不是好人。人生的广度与厚度,也正是体现于此。

曾国藩认为朋友是影响人一生成败的重要因素,他自己的成就也着实得益于他超一流的朋友圈,皆国手级的文士、豪杰,其中有的可能是布衣百姓,也有的是他幕府里的下属,但都是执朋友礼,"彼此恒以过相贬,以善相养,千里同心",互相砥砺,互相激发,师友挟持,真是想不进步都不行啊。

爱因斯坦说,人生最大的财富就是交几个有头脑的朋友。这笔财富,你有吗?

处几个好邻居

文正语录

有钱有酒款远亲,火烧盗抢喊四邻。

《曾国藩家书》同治五年十一月廿八日与纪泽书

【谷园解读】

农村里邻居之间的亲密关系是天然的。一个村庄的形成往往是若干年前,一户人家或者几户亲朋一起迁徙至此,筑屋开荒、建村立庄;若干年后,这几百或几千人的村庄里的人们都沾亲带故,知根知底,而且大家都种地,有说不完的共同语言,是一个充满亲情、友情、爱情的人群。邻里之间孩子们天天长在一起,大人们也一起下地、一起冬闲,自然亲密无间。我们老家现在要有个红白事,也都是邻里主动跟着张罗,把客人叫到家里吃饭。当然,随着包产到户,农村人种地之外做什么的都有了,差异化明显,邻里之间的亲密度也有所降低,而且,因为宅基、房高等问题,邻里之间发生矛盾的也很多。

城市里邻居之间的相对冷漠是不可避免的,因为陌生。不是有个电视剧叫《不要和陌生人说话》吗,人对陌生的人和事物都有一定的恐惧心理。三教九流、五行八作的人或买或租,从四面八方、五湖四海聚集在一个小区、一栋楼、一个单元,大家各忙各的,每天在外面战斗完,筋疲力尽地回到家里,谁还有心思关注邻居。没有时间与精力,甚至没有兴趣去跟邻居沟通、交往。于是,永远陌生。

但如曾国藩所讲,必要时,你需要邻居的帮助。在一些突发事件面前,邻居可能给你的帮助是别人替代不了的。另外,你到邻居家借一根蜡烛或者一勺盐,这实在是人生中很惬意的事。因此,从生存安全与人生乐趣的角度考虑,你也有必要"处"几个好邻居。

民国初年小学五年级《修身》课本的第一讲就是讲"睦邻":"社会之中,最切近者,莫如邻里。一旦有缓急,每需助于邻里。孟子曰'出入相友,守望相助,疾病相扶持,则百姓亲睦'。吾人之处邻里亦必如是,必求亲睦。格言:远亲不如近邻。"读来亲切怡人。

当然,好也不能太过分,别像电影《花样年华》里那样,两家人好成了一家人。

曾国藩的八本三致祥

文正语录

吾教子弟不离八本、三致祥。八者曰：读古书以训诂为本，作诗文以声调为本，养亲以得欢心为本，养生以少恼怒为本，立身以不妄语为本，治家以不晏起为本，居官以不要钱为本，行军以不扰民为本。三者曰：孝致祥，勤致祥，恕致祥。

《曾国藩家书》咸丰十一年三月十三日与纪泽纪鸿书

【谷园解读】

如今，曾国藩故居即以"八本堂"为名，其前厅悬挂着他手书的"八本堂"牌匾，足见此"八本"在曾氏思想中的分量之重。

读古书以训诂为本。国学专门有一科是训诂学，讲究考订文字的由来和含义，这方面有名的书是东汉许慎的《说文解字》。看古书只有搞明白字是什么意思，话是什么意思，以后你才可以引用、使用之。其实何止古书，我们平时的阅读，也是经常会遇到一些生僻字不认识，可很少立即找字典查一下的，而是"冲"过去，时间长了就会积攒一些熟悉的陌生字，这实在不是治学的态度。

作诗文以声调为本。他强调的是平仄之类的法度和诗文朗朗上口的气韵。

养亲以得欢心为本。孔子讲孝道，强调"色难"，他认为，服侍父母、让他们衣食无虞还不算孝，根本的是要让老人们开心。这说容易也容易，说不容易也不容易。大家都为人子女，自己体会去吧。

养生以少恼怒为本。俗话讲，什么病都从气上得。

立身以不妄语为本。什么是"妄语"呢？说话不经脑子，不分场合，不知利害，不入情理，不着边际都是妄语。话是拦路虎，该说的话，当然要说。可当你拿量不好时，不如沉默。

治家以不晏起为本。一家人都早起，体现一种活力、朝气，当然，这也落实在一个勤字上，这种气象很重要。

居官以不要钱为本。清廉本是法律的底线，现实中却成为道德的标杆，这挺滑稽的。曾国藩是讲究通权达变的，他这里强调的不是道德，而是一种持盈保泰的策略。

行军以不扰民为本。这里面内涵极丰富,是政治标榜,抑或是行为规范,很难讲。事实是,历代打天下的虎狼之师干了无数烧杀劫掠,甚至屠城的恶事。

三致祥则是强调秉持孝顺、勤奋、宽容三种品质,可以趋利避害。关于"孝致祥",民间有一种认识:老人其实是有仙性的,家里有高寿的老人会保一家的平安。

曾国藩的葵花宝典

文正语录

以能立能达为体,以不怨不尤为用。立者,发奋自强,站得住也;达者,办事圆融,行得通也。

《曾国藩家书》同治六年正月初二日与九弟国荃书

【谷园解读】

我认为曾国藩之所以成为曾国藩,根本就在于这一句话。

体用是一个重要的哲学概念。北宋理学家程颐指出,"体",即本原、本体,"用",即显现、作用。

曾国藩已经讲得很明白了。内在的,要发奋自强,站得住,即儒家所谓"内圣";外在的,要办事圆融,行得通,即儒家所谓"外王"。这是体。不怨不尤,就是不怨天、不尤人,行有不得,反求诸己,这是用。

当你遇到问题时,不要抱怨天:天啊,你怎么对我这么不公平,怎么让我这么倒霉,我的命运太差了。也不要怪罪别人:都是某某小人算计我,都是某某把事搞砸了,都是某某的原因。这样做是于事无补的,你改变不了天,也改变不了别人,能改变的只能是自己。所以遇到问题,只能从自身找原因。从自身的哪方面找呢?一是内圣功夫够不够,是不是足够努力,实力是否达到;二是外王功夫够不够,是不是足够圆融、灵活,方法是否得当。然后进行相应的修正。如此一来,"体"、"用"之间互相生发促进,人生事业不断发展。

体用的哲学,同样适用于国家的发展。曾国藩的追随者张之洞,在反思未来中国的发展之路时,曾提出过"中学为体、西学为用",意思就是以中华传统思想文化作为维系社会的主体,运用西方先进的科学技术、管理体制,来改革发展。

今天看,中国正是走在这样一条路上。

能力越大,责任越大

文正语录

至于尊官厚禄,高居人上,则有拯民溺、救民饥之责。

《曾国藩家书》同治九年十一月初二日与纪泽纪鸿书

【谷园解读】

看到这句话时,我首先想到电影《蜘蛛侠》里的一句台词:能力越大,责任越大。不仅为官如此,做企业,做人都如此。人的价值与承担的责任是成正比的。

俄罗斯总统梅德韦杰夫评价该国的考公务员热:"说明腐败严重。"这是否同样适用于我国?不过,我坚信这些想做官的青年中,有一批人与中国古代的士子一样,是有一颗报效祖国的赤诚之心的。并且在平凡琐碎的工作中,也会以自己在做于人民有意义的事来激发干劲。

刚参加工作时,我在镇政府企业站参与推进当地模具产业发展的工作。我步行去拜访企业,做调研,三百来家转了好几遍,家家都熟。当时,我就想,自己在做有意义的事。后来,模具业被确立为全市特色产业,又建成了北方第一座模具城,几年里我没歇过礼拜天,当然我的领导也没歇,实实在在地做有利于人民的事,从中获得的快慰是难以言喻的。说"人民",似乎大了,但事实如此。

我相信高官的感受也是如此,为官一任、造福一方,尽此责任,足慰平生。

国内外很多企业家在做好企业的同时,也在尽这样的责任。世界首富、第二富干脆裸捐,平生所赚富可敌国,全部捐出来做慈善事业,帮助那些需要帮助的人。很多演艺明星也在做这个事,在他们中间这几乎成为一种时尚,一种身份的体现。还有很多平凡的好人,都在力所能及地尽自己的责任去帮助他人。

当然,对一个男人来讲,起码的能力是养家糊口,起码的责任是关爱家人。

如果不得志

文正语录

无兵不足深忧,无饷不足痛哭。独举目斯世,求一攘利不先,赴义恐后,忠愤耿耿者,不可亟得。或仅得之,而又屈居卑下,往往抑郁不伸,以挫以去以死。而贪饕退缩者,果骧首而上腾,而富贵,而名誉,而老健不死。此其可为浩叹者也。

《曾文正公全集》【五】书札 卷二 复彭丽生

【谷园解读】

这番话慷慨痛切,可以想见当时曾先生的郁结与激动,收笔之际,定然拍案而起,绕屋徘徊。他说:招不上兵,发不出饷,心里都不会那么难受。最难受的是找不到一个不贪财、不怕死的精忠报国的将才。放眼天下,也有极少的有此品质的人才,却常常混得很惨淡,经受无穷的挫折,颠沛流离、绕树三匝、无枝可依,甚至早早的死掉;而那些贪得无厌、贪生怕死的人,却平步青云,享富贵,得虚名,而且活得比谁都长。这是最让人悲叹的啊!

这种不公平,难以避免。古今中外、概莫能外。《道德经》讲"天地不仁,以万物为刍狗",在天地命运跟前,个体的人就像一只用草扎成的狗一样被漠视。特别是在古代成功的途径比较单一化的情况下,所谓英才不得施展、潦倒一生者极多。西晋左思的一首诗,写得极到位:"郁郁涧底松,离离山上苗。以彼径寸茎,荫此百尺条。世胄蹑高位,英俊沉下僚。地势使之然,由来非一朝。金张藉旧业,七叶珥汉貂。冯公岂不伟,白首不见招。"

今天,这种情况同样普遍,当事之人为之苦恼,其实,当局者迷,旁观者清。有旁观者如海派清口周立波者,总结当代"十二大傻"中,有默默奉献等提拔的、有上面没人却想向上爬的,不错,是极端了些。但我们对自己的不得志是要积极地反思的,成功途径是异常多元化的,何必一条道跑到黑,一棵树上吊死呢?

猜忌最要命

📖 文正语录

祸机之发，莫烈于猜忌，此古今之通病。坏国，丧家，亡人，皆猜忌之所致。

《曾文正公全集》【七】书札 卷三十三 复郭筠仙中丞

【谷园解读】

培根说，猜忌之心犹如蝙蝠，它总在黑暗中起飞。猜忌确实有这种阴郁的色调。

因猜忌而败国的，如宋高宗赵构杀岳飞、明崇祯皇帝杀袁崇焕，都是妇孺皆知的。因猜忌而致婚姻家庭破裂的，我们身边比比皆是。电视剧《中国式离婚》里妻子怀疑丈夫外遇，进而做出很多过激的事来，最后发现丈夫的清白时，双方却已身心俱疲。

《列子》中有个"疑邻盗斧"的故事："人有亡斧者，意其邻之子。视其行步，窃斧也；颜色，窃斧也；言语，窃斧也；动作态度，无为而不窃斧也。"有个人丢了一把斧头，怀疑是邻家小子给偷的，于是看他走路的样子，看他的表情，听他说话，怎么看怎么像小偷。几天后，这人重新找到了斧头，再看那邻家小子，则怎么看都不像小偷的样子了。人一旦有猜忌的念头，那么看到的、听到的所有信息，便都会进一步强化这种判断。这是一种普遍的心理问题。

同样是关于猜忌、怀疑，《韩非子》里也有一个邻居之间的故事：一人家的墙被大雨冲倒了，儿子提醒他要及时修好，不然会被人趁机偷东西，邻居也来提醒这一点。到了晚上，果然被偷了。于是这人便称赞儿子聪明有见识，但怀疑邻居就是那个贼。

还有一个成语"瓜田不纳履，李下不正冠"，意思是，在瓜地里，不要弯下身子去提鞋，在李子树下，不要扬起手来扶正帽子。因为那样容易被怀疑偷瓜摘李。怎样尽量地避免被猜忌是一门大学问。

有道是"伴君如伴虎"，被皇帝猜忌是会丧身的，很多聪明的大臣便做得非常有智慧。比如，萧何当年为刘邦做大后方的保障，所有的粮草、财物皆由他来打理，可以说是攥着刘邦的生命线。萧何一面做好工作，一面刻意地买宅子置地、讨小老婆之类地过着腐败的生活，做出一副贪图享受、胸无大志的样子,从而避免了刘邦对他的猜忌。

曾国藩领导湘军攻克武汉,重创太平天国时,咸丰帝便私下对人讲"去了半个洪秀全,来了一个曾国藩"。在消灭太平天国后,为了消弭这种猜忌,曾国藩立即裁撤湘军,同时公开刊行家书:大家都看看我平时是怎么想的,怎么跟家里人讲的吧! 以此明忠君之心,塞弄臣之口。

一个巴掌拍不响,猜忌的双方都有一定的责任。 用人者应当有用人不疑、疑人不用的气量,另一方也要注意不要有引人怀疑的言行。

信任是基础,沟通是保障。

知 天 命

文正语录

知天之长而吾所历者短，则遇忧患横逆之来，当少忍以待其定。知地之大而吾所居者小，则遇荣利争夺之境，当退让以守其雌；知书籍之多而吾所见者寡，则不敢以一得自喜，而当思择善而约守之；知事变之多而吾所办者少，则不敢以功名自矜，而当思举贤而共图之。

《曾文正公全集》【一】求阙斋日记类钞 卷上 问学

【谷园解读】

这段日记写在曾国藩履任两江总督不久，当时他领导的湘军对太平天国的战争几乎胜局已定，事功、声望、学识、思想，都进入了人生的高峰期。这一年他52岁，阅尽世变，世事洞明，是名副其实的"知天命"之年。

孔子说，三十而立，四十不惑，五十而知天命。老夫子这段话流传极广，至于什么意思，其实历代以来没几人说得清楚。不过，我能说清，你也能听得明白，哈！三十而立就是知道自己该吃哪碗饭、该干什么了；四十不惑就是什么都玩精、玩明白了；五十知天命就是能够认识和顺应命运与自然的规律了。自然就是时空、宇宙万物，命运就是那股决定生死福祸的无常的神秘力量。

那么，怎样认识和顺应命运与自然的规律呢？曾国藩这段话就是答案。

从时间的层面，纵有千古，有N亿万年，人生却不过几十年。既然如此，什么倒霉事、难事、生气事会过不去呢，忍耐一下，忍耐几天、几月、几年，总会过去的。一辈子其实也很快的，小沈阳讲，眼睛一睁，一闭，也就OVER了。

从空间的层面，横有八荒，宇宙浩瀚，地球广阔，我们白天在办公室或者某个工作场地里，晚上睡卧室一张床，两点一线或三四点一线而已。晚上飞机起飞时，我看下面一个个小窗户的亮光，就会感叹，绝大多数人，劳碌一辈子其实就为争这一点亮光啊！费尽心机争名夺利，为的无非就是多一点亮而已，而多一点亮少一点亮的差异仅从飞机上看就可以忽略不计。所以退让一下，吃点亏，又能如何。

从学问的层面，古今贤哲才俊多少聪明人啊，N多学科中N多知识，你一辈子天天看、天天学，能看多少。曾国藩几次提到自己不懂音律，也不了解天文，为此遗憾。其实他不懂的还多了去了，比如微积分、互联网等等，哈！所以，做学问要抱定一家，有所专长就可以了。而且，要谦虚，得知道自己其实在很多方面是无知的。

从事业的层面，三万六千行，行行出状元，牛人比比皆是，你这点小成绩算什么啊。而且哪个事业不是千头万绪，你浑身是铁能捻几根钉，你自己这点能水能干成多点事？所以，要欲立立人、欲达达人，有事大家干，有财大家发。

这就叫知天命！

感恩是福

文正语录

人常怀愧对之意，便是载福之器、人德之门。

《曾文正公全集》【一】求阙斋日记类钞 卷上 省克

【谷园解读】

人怀愧对之意，则必有感恩之心。有感恩之心，则必然对人谦恭有礼、尽心效力。这种处世的态度，体现了一种高明的德行修养，有利于获得他人的投桃报李，赢得信任与帮助。

中国人历来极讲究感恩，受人滴水之恩则涌泉相报，你给我一滴水的恩情，我要回报你一口泉。

不过，"感恩"这个概念在西方基督教文化中则更加明确。基督教认为，人天生即有原罪，要感恩于上帝。不论你为生活付出了多少汗水和努力，当你与家人准备吃饭时，仍要感谢这顿丰盛的晚餐是上帝赐给的。而第一批来到美洲大陆的拓荒者们，为了感谢上帝赐给他们的第一个大的丰收，则创立了感恩节。

中国人不信上帝，信上天。不论上天让你经受多少艰难苦恨，你要想一下，他在几亿个精子中把机会给了你，然后又给了你这么多的人生体验，那还有什么理由悲观呢？

养儿知道父母恩，今天即便没有计划生育，又能有多少家庭敢生第二或第三个孩子，你养得起吗？受得了那个辛苦吗？汪国真说，我们的爱是溪流，母亲的爱是海洋。我们该用怎样的努力去回报父母的爱呢？

如果你幸运地有着自己的一奶同胞，他或她可能是你一生里相伴时间最长的亲人，在配偶出现于你的人生之前，在父母去世之后，你的兄弟姐妹一直在你身边。这种陪伴，我们要怎样去珍惜呢？

两个人结婚，意味着一方把自己的生命交给了另一方，这不是文学性的渲染夸张。比如，做手术前，都要由配偶签一个安全保证书。网上就曾经热炒一男子因为不签这个字，致使妻子死掉。不要说爱，单说这样的信任，应该怎样去面对？

还有朋友、同事、邻居等各种出现在你生命里的人，都或多或少地在给予你帮助。

前中国首富新希望集团老板刘永好有一句名言：感恩之心离财富最近。他要求自己的家人，要感恩于祖国、员工、客户，是他们给予了自己财富。

多想一下别人对自己的爱与帮助，怀着这颗感恩之心，有助于以积极乐观的心态面对人生中的各种问题，做出正确的决断，而且冥冥中会有一种力量托着你。感恩是福，其真谛即在于此。

人生三段论

文正语录

学贵初有决定不移之志，中有勇猛精进之心，末有坚贞永固之力。

《曾文正公全集》【七】文集 卷四 国朝先正事略序

【谷园解读】

这是曾国藩在一篇文章中引用的康熙皇帝的话，不特为学，放之人生也极有意味。

初有决定不移之志。人生第一阶段里，心智幼稚、学识浅薄、人脉稀缺，是小角色、小人物、弱者，这时贵在立志，不甘居人下，做一个想当将军的士兵。用《周易》的话讲，这时是"潜龙在渊"，应当"终日乾乾，夕惕若，厉无咎"。天天就是干、干、干，学、学、学，凡事小心谨慎，避免出问题，要"天行健，君子以自强不息"。

中有勇猛精进之心。经过前期的立志、奋斗、积累，进入人生第二个阶段，此时心智成熟、世事洞明、掌握的人脉、钱、权等资源丰富，处在"可圣可狂之际"，正是人生得意之时。曾国藩认为，人生百年，这样的时光不可多得，"当尽心竭力，做成一个局面"。胆子再大一点、步子再快一点，放开手脚，建功立业，实现人生的价值。

末有坚贞永固之力。人生第三个阶段里，要持盈保泰，保持好前面取得的成果，坚持笑到最后，而不能有骄气、暮气，不能虎头蛇尾，甚至崩盘。做官的，有个59岁现象，就是在退休的前一年出事了。怎样才能坚贞永固呢？两方面：一如曹操诗云"老骥伏枥，志在千里，烈士暮年，壮心不已"，不松劲，不论事业，还是道德修养，一辈子一以贯之。我们看曾国藩临死前一天还坚持记日记，还在研究学问。另一方面，要学老庄，该急流勇退的要退，该放手的要任其自然。

人生是一场马拉松

文正语录

用兵之道，最忌"势穷力竭"四字。

《曾文正公全集》【六】书札 卷二十六 致李宫保

【谷园解读】

《左传》记载了一段鲁国将领曹刿的战术观点：夫战，勇气也。一鼓作气，再而衰，三而竭。成语"一鼓作气"即由此而来。两军打仗靠的是勇气，当激越雄浑的战鼓擂起来时，战士们会随之兴奋起来，热血沸腾地向前冲杀。可是当第二次、第三次再敲这个鼓时，效果就会越来越差，人不可能还保持第一次时的兴奋指数，体力也在不断下降。高明的将领会把握好这个规律。

同样的道理，在一场旷日持久的战争里，你不能一开始就把全部的精兵强将都押上去，不能期望毕其功于一役。你要明白，未来还有无数的战斗，还要保持不衰竭的战斗热情去应对。

曾国藩很遗憾自己不懂音乐，因为古人有一种说法，兵法与音乐相通。我想这个相通点可能在于：一是开头的调子不能起太高，这样后面就没法唱了；二是有节奏，有急有慢，有起有伏，方成旋律；三是乐曲中可能有若干小高潮，但真正的高潮是在接近尾声的时候出现。湘军的高潮是攻克南京，之后湘军就裁撤了。

毛泽东提出抗日战争是一场持久战，这个定性为整个战争定了一个基调，中国人在各个方面都要做长期战斗的准备。

我们对于人生、事业，甚至婚姻同样要做一个持久战的定性，不要想着一口吃个胖子，不要初气太锐。你要明白，在这个漫长的过程里，你的精神可能会疲沓、身体会疲倦、审美会疲劳。就像徐志摩的诗写的：走着走着就散了，听着听着就累了。人生是一场马拉松，你不要把劲头在前20公里都用完，因为还有20多公里在后面呢，得匀着劲跑。而且，有时胜负并不重要，重要的是坚持跑到终点。

曾国藩强调为人处世，要"行之以实，持之以久"，谁笑到最后，谁笑得最好。

修养篇

成功三品质

📖 文正语录

士人读书，第一要有志，第二要有识，第三要有恒。有志则断不甘为下流。有识，则知学问无尽，不敢以一得自足。有恒，则断无不成之事。

《曾国藩家书》道光二十二年十二月二十日与诸弟书

【谷园解读】

追求成功，必须要有这三种品质：有志、有识、有恒。第一要有志气和志向，这样就不甘于平庸；第二要有见识和智慧，这样才具备做事的本领；第三要有恒心和毅力，绳锯木断、水滴石穿，精诚所至金石为开，天天干总会干成。

与此相应的，儒家有著名的"三达德"之说，即智、仁、勇。孔子这样来阐述它们：好学近乎智，力行近乎仁，知耻近乎勇。知斯三者，则知所以修身；知所以修身，则知所以治人；知所以治人，则知所以治天下国家矣。

好学进乎智。有的人可能天生的智商并不高，而且生于社会的底层，没有见过多大的世面，这样的人就不能"智"了吗？不是的，"智"强调的是一种品质，你这人好学就是"智"，就是聪明，就会不断提高见识与智慧。

力行近乎仁。仁这个概念在儒家思想里太宽泛了，总的来讲，是一种修养的极高境界。孔子这里强调，你坚持努力去做，这就是一种实在的修养，就是仁。

知耻近乎勇。大丈夫应当知道，庸庸碌碌地混日子是一种羞耻。不甘于这种羞耻就得奋斗，就得上进，这就是勇。

孔子的这种解释多么具有智慧而且务实啊！

世间的道理都是相通的，综上所述，我们发现，曾国藩强调的"有志"，其实就是"勇"；"有识"就是"智"；"有恒"就是"仁"。

有这三种品质，就可以修身、齐家、治国、平天下！

做一个好人

文正语录

不贪财，不失信，不自是，有此三者，到处人皆敬重。

《曾国藩家书》道光二十八年六月十七日与诸弟书

【谷园解读】

这种句式很有意思，这"三不"本来是可以直接用其反义词，比如似乎可以用廉、信、谦来代替，但效果不一样，曾国藩用"不……"这样的句式，是要从反面强调"不"后面这个要否定、要摒弃的东西。

不幸的是，贪财小气、一句实话也没有、牛气哄哄这三种品性经常地被一些人汇集于一身，放眼望去，几乎还比比皆是，让人感慨世道人心怎么成这样了。

守财奴、吝啬鬼、小气鬼，单从这些词就可以感受到人们对这种品性的厌恶。贪财是一种天性，贪吃也是一种天性，长期生活在较贫穷的环境中的人，节俭过头了，可能就吝啬。这一点上似乎还带有区域民俗的特点，有的地方的人就小气、贪心大，有的地方的人就相对好一些。

有的人说得比唱得好听，可一件人事也不办。有的人把承诺就当放屁。有的人没有时间观念，说好三点会面，到五点也没音信。这都是失信。古人把这个信字，看得比命都重要。我母亲都经常说："失江山，不失约定。"《庄子》里有个故事：尾生与女子期于桥下，女子不来，水至不去，尾生抱桥柱而死。还有一个现代小故事，有个富豪临终时嘱托儿子：有两件事，你一定要记住，第一是承诺的事一定办到；第二是永远都不要承诺。

曾国藩讲"讨人嫌，离不得一个骄字"。有人是真有些本事，这样的人牛气一点一般还是可以让人接受的。有的人是真没什么能耐，不吹牛皮不说话，这就要命了。

当然，人是趋利避害的，长期以来，很多人的人生经验是：贪财得利、失信无害、吹牛唬人。我是流氓我怕谁，坏得心安理得，这样的人就没救了。

我们谈修养，先从"不贪财，不失信，不自是"这三点上下些功夫，得被人提及时说：哦，这人还行，是个好人。

修身从与身边人搞好关系开始

文正语录

古来无与宗族乡党为仇之圣贤。

《曾国藩家书》道光二十四年十二月十八日与诸弟书

【谷园解读】

修养的目的无非和谐二字。内在的,身心和谐;外在的,与人和谐、与天地万物和谐。

这种外在的和谐自然是从身边的家人、朋友、同事、邻里乡亲开始。孔子曾说自己的志向是"老者安之,朋友信之,少者怀之"。意思是,要做一个让老人放心、让朋友信任、让少年敬重的人,这就是圣人的追求。

《论语》里还有一段,学生请教什么是君子,孔子答:修己以安人。这个"安"字的意义很中国化,"安人"其实就是"使人安",使人安静、安稳、安居、平安,使大家和谐美满,这就是君子要做的事。

你若是与自己的家人、乡亲都弄得跟仇人似的,当然就谈不上什么修养,更成不了圣贤。你要是连老婆都"安"不了,就不要讲什么"安人"、"安百姓"了。

然而很多年轻人却恰恰面临这样的困惑,夫妻都是场面上人,各种人际关系处理得都不错。回到家里却和谐不了,两口子总是吵架。那么,作为丈夫来讲,就有必要向西方的圣哲苏格拉底学习了。苏格拉底的老婆是出了名的泼妇,这个老苏经常挨老婆骂。有一次,老婆把他大骂一通,他只好躲出来,坐在门口的台阶上。他老婆则不肯罢休,端出一盆水浇到他的头上。邻居都为他打抱不平,他则苦笑道:我就知道,雷霆过后,必有暴雨。

家庭的和谐离不了忍耐、妥协,而忍耐本身就是一种修养。唐朝有个张九公,一家五世同堂,几百口子的大家庭在一起生活,其乐融融,连皇帝都羡慕,于是就派人去请教张老先生家庭和谐的秘诀。老头默默地写了一百个忍字,送给了皇帝。

当然忍耐只是一方面,和谐的人际关系还需要有各式各样的调剂,释家说"担水劈柴都是坐禅",调剂人际关系的各种努力也都是修身。

新教伦理

📜 文正语录

勤俭自持，习劳习苦，可以处乐，可以处约，此君子也。

《曾国藩家书》咸丰六年九月廿九日与纪鸿书

【谷园解读】

勤奋、节俭，享受工作的乐趣，不以其为劳苦，在人生不同的阶段和境遇里，都能这样一以贯之，宠辱不惊，从容淡定，这样的人称得上是君子。

很多成功者都是一生勤俭，就像钟表一样一丝不苟、一成不变地工作。搜狐的员工经常会看到他们的老板张朝阳在路边店里吃拉面，台湾首富王永庆一条毛巾用十几年，曾国藩一件绸缎的马褂只在节日里才舍得穿。我说过，节俭是一种价值观，他们有时也可能是刻意为之，更多的情况则是不以为意吧，他们不把物质的、外在的那些东西当回事。成功对于他们来讲，是人生价值的实现，而不是物欲的满足。

在西柏坡我们看到毛泽东、周恩来等老一辈革命家他们当年住的简陋的房子、院落，可以想见当年他们的生活质量一如平民，而当时的国共实力已相当，他们有条件享受的，并且他们已不再年轻。这让我感受到，在他们的艰苦朴素的背后，有一种强大的理想主义精神，如此，才缔造了共和国。

有一本社会学名著《新教伦理与资本主义精神》，它分析资本主义的发展得益于基督教新教伦理的盛行，而这种新教伦理所强调的工作和生活态度，恰与曾国藩的这段话不谋而合。

格局第一

文正语录

古之成大事者，规模远大与综理密微，二者缺一不可。

《曾国藩家书》咸丰七年十月初四日与九弟国荃书

【谷园解读】

所谓成大事者，不见得是做多大的官、多大的企业，而是泛指各种领域里取得突出成就之人，比如大学问家胡适先生就讲，既要能抡得起板斧，又要能拿得了绣花针，方是大学问家。这与曾国藩的观点是一致的。

曾国藩还讲，天下事当于大处着眼，小处下手。《中庸》里也有类似的话：致广大而尽精微。

规模远大就是要有大志向、大胸怀、大气魄，要有大手笔、大动作，要做大项目、大工程、大事业。

综理密微则是要关注细节，有所专精，思维缜密，言行谨慎。

儒家"八条目"：格物、致知、诚意、正心、修身、齐家、治国、平天下。其中格物、致知是综理密微，治国、平天下是规模远大，正所谓"叩其两端"，这是儒家的理想人格。

格局即人格之局也。三百六十行，行行出状元，都有做大的可能，收废纸的张茵后来成为一国首富，而多数人则还在底层。这种差异固然由各种原因造成，不过，决定性的因素应当是人的格局。

合格的职业经理人

文正语录

凡将才有四大端：一曰知人善任，二曰善觇敌情，三曰临阵胆识，四曰营务整齐。

《曾国藩家书》咸丰七年十月廿七日与九弟国荃书

【谷园解读】

参照带兵打仗的将才的这四个标准，我们可以总结一下带员工做企业的职业经理人的四个标准：

第一，知人善任。带兵与做企业都一样，这是最重要的素质。打造一个强有力的领导班子和中层骨干的队伍，领导者就可以垂拱而治了，就是你耷拉着手，什么也不用管，下面的人就都给你搞掂了。这其实也是领导者的最高境界，基础就是知人善任。

第二，善觇敌情。对于经理人来讲，就是要把握市场规律，洞察市场的走向，包括竞争者的意图，要有预见能力。所谓料敌制胜，关键在此。

第三，临阵胆识。对于经理人来讲，就是要能灵活地应对企业出现的各种随机的问题，能当机立断，把握机会。

第四，营务整齐。对于经理人来讲，就是要周密地做好企业内部管理，使各方面制度健全，运转平稳。

此标准同样适用于其他领域的领导者，要善用人、能预见、有胆识、务周密，有此四端，领导之才备矣。

内方外圆

文正语录

腹中虽也怀些不合时宜，却一味浑含，永不发露。

《曾国藩家书》咸丰七年十二月初六日与九弟国荃书

【谷园解读】

林语堂的《苏东坡传》是我非常喜欢的一本书，若比做一盘菜，它就是最好的厨师用最好的材料做的。书中提到，有次苏东坡酒喝得有点高，拍着肚子问家人：你们说，我这肚子里都是什么？小丫鬟说是诗文，小书僮说是学问。苏东坡都摇头。这时侍妾朝云笑道：我看老爷是一肚子的不合时宜。

苏东坡的不合时宜是很明显的。当王安石做宰相推改革时，他是反对派，写诗讽喻改革中的问题，于是被打击，被贬官。若干年后，司马光做宰相，全面否定王安石。这回老苏应当翻身了吧，没有，他站出来说王安石的政策有可取之处，于是又被打击，贬到了海南岛。

他自称"黑白太明，难以处众"，他独立思考、个性强、情绪化、天真、率直、忧国忧民、疾恶如仇、遇不平事则如鲠在喉不吐不快。一次因为他的"反动"诗，上面来人抓他，老婆孩子都大哭，苏东坡对妻子说：你记得那首诗吗？你应当用那首诗为我送行啊。"更休落魄耽杯酒，且莫猖狂爱吟诗。今日捉将官里去，这回断送老头皮。"弄得他老婆哭笑不得。

曾国藩同样对于很多官场风气也深恶痛绝，但"势之所处，求退不能"，面上还是要随大溜，一个不字也不讲。这就是内方而外圆。

泡

文正语录

人而无恒，终身一无所成。

《曾国藩家书》咸丰七年十二月十四日与九弟国荃书

【谷园解读】

朱熹在《四书集注》里有一句话，有恒乃入德之门。意思是：做事有恒心、能坚持到底，这是修养的基本要素。我把这句话写在公司墙上，作为团队事业观。有恒，就是坚持。"坚持"这个词很形象，我们可以字面上理解：坚就是硬，持就是拿着，坚持就是硬生生地拿着不放。《中庸》里有个词"择善固执"，也是这个意思，对好的东西要坚持把握，对认为正确的事要坚决执行。

凡事皆有周期。比如人的生长，从孕育、出生，到学吃饭、学说话、学走路，直到具备生活自理的能力，这至少需要几年的周期吧。庄稼在春天播种，到秋天才可成熟。任何事要达到某个程度与阶段，也都得有这样的周期，谁也超越不了。无恒、不坚持，这个周期就走不下来，何谈成果。

道理谁都明白，可现实里，很多事都半途而废，为什么呢？无非三种情况：一是遇到坎了，感觉过不去了；二是干腻歪了，觉得越做越没劲了，于是见异思迁；三是发现之前的规划和选择有问题，必须做方向调整。当然，人不到最后也不能断定，这种放弃是对还是错。也许就是对的，而一条道跑到黑是错的。

但总的来讲，有恒更接近真理和成功！有恒的道路上必然有各种坎，各种"敌人"，有的要强攻，有的要等待、要以逸待劳，过一个坎，你就会更壮大一些。

关于有恒，我自己有个"泡"的理论，就是泡澡、泡网吧的泡。北京人叫"嗑"，死嗑，就是只要有时间就来弄这一件事。用曾国藩的话讲是"如鸡伏卵、如炉炼丹"。上学时，我每天拿一本书，教室、宿舍、食堂，随手拿着，有空就翻两页，虽然我读书效率不高，但这样还是看了一些书，我称之为"泡书"。我做网站，一个网站做下来七八年，也是在泡，天天就这事。

另外，前几天，我看到一则关于邓小平的轶事：一九七二年，毛主席要起用被打倒的邓小平，就把他从劳动改造的江西叫回来，问：这几年你在江西都做什么了？ 邓小平只回答了两个字：等待。"等待"应当是"有恒"的"表弟"吧。

而毛泽东讲，"苟有恒，何必三更眠五更起；最无益，莫过一日曝十日寒。"他的意思说白了也是：泡着就行。

我思故我强

文正语录

心常用则活,不用则窒;常用则细,不用则粗。

《曾国藩家书》咸丰十年二月廿四日与纪泽书

【谷园解读】

凡事要多思考。日本的稻盛和夫说,即便你是个清洁工,你的工作就是扫地,也要思考,怎么可以扫得更干净、更快、更省力,以这样思考的习惯,你将来至少可以做一家保洁公司。

儒家对思考很强调。孔子讲,"学而不思则罔,思而不学则殆"。《中庸》讲,为学任事要"博学之,审问之,慎思之,明辨之,笃行之"。

从形而上的层面讲,思考是进入精神世界的通道,也是载体,是唯心主义的基础,是你不同于别人和事物的根本所在。所以,笛卡尔说"我思故我在"。

从形而下的层面讲,思考可以更准确地认识客观世界,发现规律,找到窍门,是引导你走向成功的通道。

从养生的层面讲,很多科学家由于长期的科学思考,促进了脑细胞的生长发育,所谓"流水不腐、户枢不蠹",所以普遍比较长寿。比如获得诺贝尔奖的杨振宁82岁时还能娶28岁的老婆,堪称男人中的男人!

因此,我要说:"我思故我强。"

当然,这个思不是胡思乱想,而是一种心平气和的系统思考。

做个实在人

文正语录

我自信亦笃实人，只为阅历世途、饱更事变，略参些机权作用，把自家学坏了。实则作用万不如人，徒惹人笑，教人怀憾，何益之有？近月忧居猛省，一味向平实处用心，将自家笃实的本质，还我真面、复我固有。纵人以巧诈来，我仍以浑含应之，以诚愚应人，久之，则人之意也消。若钩心斗角，相迎相距，则报复无已时耳。

《曾国藩家书》咸丰八年正月初四日与九弟国荃书

【谷园解读】

曾国藩说，他自信是一个实在人，只是因为看多了世间的尔虞我诈，了解人性中很多恶的、阴暗的一面，于是就变"聪明"了，你糊弄我，我糊弄你，也开始玩弄权术。实际上，自己在这方面没天赋，是弱项，玩不好，玩不过人家，一不留神就玩漏了，要么让人笑话，要么让人怀恨在心，自己还费老大劲，这有什么好处啊。近来，才意识到这个问题，才认识到实实在在就可以了，我是什么样，就什么样，得活得真实。有一说一，有二说二。别人来跟我玩虚的、耍手腕，只要不太损害我的利益，我让你玩，我让你耍，我就乐意落个"傻实在"的名儿，时间长了，别人也就玩得没劲了。要是你玩我、我玩你，又棋逢对手，那就恶性循环、万劫不复了。

我也是个实在人，今年我才意识到一个很简单的问题：别人对我说的可能是假话。此前的三十多年里，我以为我的朋友、同事、领导和其他亲近的人们跟我说的话都是真的。意识到这一点，其实是很令人沮丧的。曾国藩这段话对我则是一个安慰。

当你意识到这个人在说假话时，首先要有一个判断，他是想算计你，还是因为不想伤害你而说的善意的谎言，抑或是出于某种无奈，或者是为了自我保护。不论是怎样的情况，明智的做法都是不要揭穿，应当"浑含应之"。善的，你要宽容体谅；恶的，你静观其变，也许根本就没有什么的。

商人之所以奸，是为了获得利益。但大商不奸，获取最大利益的，都是有诚信之名的商人。人之所以说假话、取巧使诈，也是为了获得利益。

但大巧若拙，公认的实在人，最能赢得大家的信赖与帮助。

　　有个刚毕业的大学生来我公司求职，我问他为何没考公务员，他说今年考了没有考上，打算明年再考。我说，公司需要能长期在这里工作的人，所以不能招聘他。然后我猛然意识到，这个学生下次去面试时就不会这样实话实说了，因为社会给他上的第一课就是：人实在，会吃亏。于是赶紧嘱咐他，要坚持做个实在人，才会有长远的收益。

　　台湾领导人马英九也秉持这样的观念，他把曾国藩的另一句话作为座右铭："唯天下之至诚，能胜天下之至伪；唯天下之至拙，能胜天下之至巧。"类似的话，曾国藩讲过很多，比如："唯忘机可以消众机，唯懵懂可以被不祥"，这句也很有名。

避免得罪人

📖 文正语录

凶德致败者约有二端：曰长傲，曰多言。

《曾国藩家书》咸丰八年三月初六日与九弟国荃书

【谷园解读】

曾国藩这个话说得很痛切，他说很多大人物，因为这两点上没有注意，落得身败名裂，甚至是杀身之祸。他反省自己也是因为有这两点上有问题，所以很多事都做不顺溜，很多官场同僚给他使绊子、穿小鞋。

长傲，用我们方言就是"大"，就是看不起人。

多言，就是多嘴多舌，妄加评论。

伤害一个人其实非常简单，一个轻视的眼神，一个不中听的字眼，就OK了。他会因此恨你一生，只要有可能，他甚至会杀了你。

反之，亦然！

我们只知道谦虚让人进步。其实，谦虚还可能救命，可能带来好运。

我们只知道沉默是金，其实，沉默有时比金子还有价值。

曾有人评价我的一位领导：人家是这么人的人也不得罪。说话时，他打着手势：一拃。

有本心灵鸡汤类的书《四个约定》讲，人要谨守四个约定，就会使心智得以提升，第一条便是"勿妄加评论"。

埋头苦干　少发牢骚

文正语录

大抵胸多抑郁，怨天尤人，不特不可以涉世，亦非所以养德；不特无以养德，亦非所以保身。

《曾国藩家书》咸丰八年三月三十日与九弟国荃书

【谷园解读】

总是一肚子气，看什么都不顺眼，仿佛天下人都对不起他，张口批评，闭口埋怨，满腹牢骚，这样的人不但在人情世故上不够成熟，修养自然也不到家，而且也不利于保身。这个保身包括两方面：一是健康，气不顺伤肝，而且，据毛泽东说还伤肠子，有其诗"牢骚太盛防肠断"为证；二是安全，祸从口出，你都不知道哪句话伤了谁、得罪了谁，或者被谁抓住，以为把柄、为小辫子、为罪证，最终你死都不知道怎么死的。

这样的人首先要"做眼保健操"。存在即合理！你看着不顺眼，那绝对是你的眼睛有问题。

其次要做心理保健操。人生在世，不如意者十之八九，每个人都在承受，没有什么好大惊小怪的，应当保持一颗宁静、淡定的心。

还有一服药，早晚各服一次："不怨天，不尤人，行有不得，反求诸己"，这句话算是曾国藩成功的秘诀。

牢骚只能让别人鄙视，你改变不了什么的！古人说：达则兼济天下，穷则独善其身。你做不到兼济天下，只有埋头苦干，做好自己的事业，过好你自己的生活，然后，才能尽一份实际的力量来改善环境、帮助他人、伸张正义。

对此，曾国藩还有一句极精练之语：小心安命，埋头任事。

九思九容

文正语录

宜从此日致其功,于《论语》之九思,《玉藻》之九容,勉强行之。习惯自然,久久遂成德器。

《曾国藩家书》咸丰八年五月十六日与九弟国荃书

【谷园解读】

《论语》之九思,即孔子所讲的"君子有九思:视思明,听思聪,色思温,貌思恭,言思忠,事思敬,疑思问,忿思难,见得思义"。对人的言行、态度、情绪、观念等提出九个注意事项。据说台湾领导人马英九名字中的"九",即由此而取。

看,要看明白,要明察秋毫;

听,要听清楚,要听出言外之意,充分领会;

色,就是神色、态度,要温和,要含而不露,从容淡定;

貌,就是精神面貌,要庄重严肃,不卑不亢;

言,就是说话,要言之有物,诚实客观;

事,就是做事,要专注、认真;

疑,就是遇到难题,要虚心向人请教,不要不懂装懂或者敷衍应付;

忿,就是生气、愤怒,要考虑可能造成的后果会让自己难受;

见得思义,就是将得到什么利益时,要考虑是否正当,不义之财不可取,伤天害理之事不可为。

《玉藻》是《礼记》中的一个章节,"九容"即"足容重,手容恭,目容端,口容止,声容静,头容直,气容肃,立容德,色容庄"。

足容重,走路的样子要稳重。假如有个美女在身后端详你,你脚步不能乱;

手容恭,拿什么东西要稳当;

目容端,眼神要安详,不要东张西望,滴溜乱转;

口容止,少说话,沉默是金;

声容静,说话的声音要清晰;

头容直,要昂首挺胸,不要探头缩脑、歪脖子瞪眼;

气容肃,气质、神情要严肃;

立容德，要站在该站的地方；

色容庄，这个"色"可能指衣着，要庄重、大方。

坚持这样要求自己，习惯成自然，修养水平也就上去了。

千万忍耐

文正语录

日慎一日，以求其事之济，一怀焦愤之念，则恐无成耳。千万忍耐，千万忍耐！"久而敬之"四字，不特处朋友为然，即凡事亦莫不然。

《曾国藩家书》咸丰八年七月十四日与九弟国荃书

【谷园解读】

很多事，你着急没有用，它有自身的规律，有周期，就像女人的高潮，不是你到劲头了，她就得来。你只有忍耐，坚持、坚持、再坚持，才可能成功。

欲速则不达，急躁会出差错，也可能伤身体，以中医的理论讲，会伤肝。现代人似乎普遍有这种焦躁的倾向，所以有"神医"给人们开出普适之药方：每天二斤绿豆汤。绿豆汤可以去肝火，肝火小了，就会不那么焦虑了。由此我有一个发现，心理的问题，是可以从生理的层面来解决的。你觉得忍耐不下去时，可以去喝顿大酒，或者去健身馆跟人玩个拳击、柔道什么的，让人打一顿，然后就会好一些。

曾国藩自称，凡事皆用困知勉行功夫，就是在解决困难的过程里学得知识，突破一个又一个困境以努力前行，就是在无数的忍耐中磨炼。他说，只要日积月累，如愚公之移山，终究必有豁然贯通之时。

如果你在熬官，那就老实熬吧，千万忍耐，千万忍耐！
如果你在创业，那就耐心干吧，千万忍耐，千万忍耐！
如果你在写书，那就慢慢写吧，千万忍耐，千万忍耐！
不论你在做什么吧，只要你还在路上，就得忍耐。活着就得忍耐。
西哲讲：忍耐之草是苦的，但最终会结出甘甜而柔软的果实。

宽 容

文正语录

至于作人之道,圣贤千言万语,大抵不外敬恕二字。

《曾国藩家书》咸丰八年七月廿一日与纪泽书

【谷园解读】

敬。一是敬人,要尊敬父母,尊敬领导,尊敬同事、下属以及交往的每个人,甚至要敬鬼神。众生平等,本无高低贵贱之分,而且三人行有我师,都有值得尊敬之处。只有你尊敬别人,别人才可能尊敬你,《论语》讲"君子敬而无失,与人恭而有礼,四海之内皆兄弟也"。内心尊敬必出之以礼貌,礼貌则生风度,风度体现修养。二是敬事,要敬业,做任何事都应当认真对待,小心从事。敬事才能成事,敬业才能立业。

恕是儒家一个重要概念,在《论语》中有两处提到这个字,都是很有名的段落。

一则是:子曰:参乎,吾道一以贯之。曾子曰:唯。子出,门人问曰:何谓也?曾子曰:夫子之道,忠恕而已矣。大意是,孔子说:曾参啊,我的学问围绕着一个核心。曾参说:是啊。孔子走了,下面人问:什么意思啊?曾参说:老师的学问归结起来就是两个字,忠和恕。

另一则是:子贡问曰:有一言而可终生行之者乎?子曰:其恕乎!己所不欲,勿施于人。大意是,子贡问:有没有一个字,能让人受用终生的?孔子说:这个字应当是"恕"吧,恕的意思就是,你自己不希望的,不要强加给别人。

你不希望自己被打击,就不要打击别人;你不希望自己被报复,就不要报复别人;你不希望自己被孤立,就不要孤立别人;你不希望自己被苛求,就不要苛求别人;等等。这是什么呢?这就是宽容啊。

宽容是人类所有文明和宗教中都弥足珍视的一种品质,因为不宽容带给人类的灾难时至今日仍在延续和发生。

你敬人,而人不敬你,那就宽容他吧。你敬业,而事业失败,那就宽容命运吧。

凡事宜早不宜迟

🔖 文正语录

起早亦养身之法,且系保家之道,从来起早之人,无不寿高者。

《曾国藩家书》咸丰十年闰三月初四日与国潢国荃书

【谷园解读】

从中医的角度讲,清晨阳气初生,早起活动身体对健康是极有益的。而且对于农家来讲,早起做农活也是必须的。曾国藩把早起作为个人修养的重要方面,对下属也很强调这一点。带兵期间,每天天未亮,幕僚、将领都要过来跟他一起吃早饭,有一个不到的,也不开饭,最后一个到的人就非常尴尬。

其实,不但早起有益,除了早恋不好,凡事都宜早不宜迟。

记得小学四年级的一篇课文讲,少年鲁迅在课桌上刻下一个早字,来提醒自己不要迟到。老师讲,这个"早"字像一个火把,照亮了鲁迅幼小的心灵,也照亮了他以后人生的道路。人的记忆真奇怪,二三十年前的这节语文课宛在目前。

女作家张爱玲则讲:年轻人,成名要趁早。

我之前分析股神巴菲特的成功因素,其中有一条:早入行。他9岁就开始买股票,初中、高中,他都在自己赚钱,当他21岁结婚后正式开始自己的事业时,他其实已经入行十多年了。我们常说万事开头难,意思是一个事业要做起来,必然有一个周期,这一点几乎无人可逾越。所以比别人早,这就很重要。我们知道黄光裕兄弟十六七岁就开始创业了,浙江很多老板十几岁就辍学打工创业了,那个去世不久的王均瑶,24岁就包飞机了,你想他什么时候创业吧。

同样是强调"早"的意义,还有两个词值得玩味:先入为主、先下手为强。

农村还有一句话:早生孩子早得济。

圆滑是一种境界

文正语录

无论古今何等文人，其下笔造句，总以"珠圆玉润"四字为主。无论古今何等书家，其落笔结体，亦以"珠圆玉润"四字为主。

《曾国藩家书》咸丰十年四月廿四日与纪泽书

【谷园解读】

高明的文章与书法，都有一种珠圆玉润的美感。音乐也一样，有珠圆玉润的歌喉。当然还有珠圆玉润的美人。它流畅、饱满、柔和、温润，不生涩，不生硬，不枯燥，不突兀。它一下子就流进你的眼睛里、耳朵里、嘴巴里、心里，让你挡不住，也不想挡。

其实，高明的做事方式也应当是珠圆玉润的，应当是圆滑的。圆滑是一种境界，它之所以带有了贬义，实在是占了大多数的笨人吃不着葡萄说葡萄酸的结果。

圆相对于方，两者的不同就像一个圆球和一个四方块的不同。我们看四方块，棱角分明，而且棱角处还扎手，正面、反面、上面、下面也分明，往那一放稳稳当当。而圆球呢，没棱角，摸着舒服，正反上下都分不出，放在平地上也可不动，但稍有震动倾斜就会顺势滚动。

其实天道是崇尚圆的。我们看自然界中的东西，哪有四四方方的，都是圆的。偶尔有个四四方方的西瓜，是在其生长过程里用模具夹持着所形成。人的天性可能也是圆的吧，只是经过后天道德伦理的教化，才变得方正。不过，高明的人总还是要追求内在方正与外在圆滑的结合。而且这种外在的圆滑对很多人来讲，是比较难做到的。

苏东坡的十世祖，唐朝的苏味道以圆滑著称，曾三度为相，《唐语林》记载了一则他的段子，大意是：苏味道刚当了宰相，手底下人问他，这天下的事纷繁复杂，您怎么处理好啊？苏先生默不作声，只打了一个哑谜：用手摸着床棱。床棱是两个平面交接之处，其意不言自明。其实上升一下，圆滑就是能够从非黑即白、非此即彼的对立式思维中解放出来，作一种调和观。

我是笨人，文章干巴，书法躁气，做事生硬，求圆滑而不可骤得，我寤寐求之！

要有一技之长

文正语录

凡有一长一技者,兄断不敢轻视。

《曾国藩家书》咸丰十年七月十二日与国荃国葆书

【谷园解读】

连曾国藩都这样看,足以说明有一技之长是很重要的。这个世界上什么都过得去,但什么都不太突出的人是绝大多数,所谓平凡,就是这个样子。

只有相对少数人有一技之长,这样的人是被大家所尊重的。会说,那个人篮球打得特棒! 那人二胡拉得特好! 那人书法在全国获奖! 那人是电脑高手! 那人讲笑话太绝了! 那人是模具设计方面的尖子!

当我们提到某个人,没有一个类似的点,就会兴味索然。很多官员都会有这个问题,曾有个笑话就讽刺总统是什么也不会的人。事实上这无可厚非,我们的文化强调的是"君子不器",这是《论语》里的话,意思是官员不能局限于某一方面的才能,他应当是通才,得什么都会,才能去管理社会方方面面的事务。

不过,可悲的是,很多官员在五六十岁退休时,真的什么也不会了,面对漫长的晚年常常不知所措。

在这个强调专业化分工的时代,人们热衷于对专精的追求,五花八门的"吉尼斯世界纪录"被人们津津乐道,一招鲜吃遍天,专精意味着高回报,特别是顶级的专长,如球星、明星、设计师等都有极高的收入。而且,真在某一领域达到顶尖,往往同时具备很高的综合素质,我们看到姚明到NBA不久,他的英语就对答如流了,最近他退役了,可"钱"途却能依然光明。

《吉尼斯世界纪录大全》为人所关注,正说明了人们对专精的广泛的追求和称赞。

稳重是大人物的标签

文正语录

举止要重,发言要讱。

《曾国藩家书》咸丰十年十一月初四日与纪泽纪鸿书

【谷园解读】

古代童蒙《千字文》中有一句"容止若思,言辞安定"。毛主席给两个女儿取名:李敏、李讷,是从孔子所说的"敏于行,而讷于言"中择字。讱与讷都有说话缓慢的意思。

孔子还说过:仁者其言也讱。这里的仁者,可以理解为帝王与大人物。我们可以看到很多政界的大人物都有这个特点,举止重,语速慢。去年底,温家宝总理视察中央人民广播电台并与听众连线。有听众就问:总理讲话怎么总是这么温和的频率呢?总理微笑着回答:我说话的语速慢,一是因为这是天生和一直以来的习惯;二是大家知道我现场讲话都没有稿件,我需要认真想每个数字和资料并确保准确;三是我觉得这样慢慢地诉说,还要注入我们对于聆听者的真情实感,是用心在说话。

总理的这段话对中国文化所强调的这种修养给出了深刻的诠释。举止稳重,一方面是天生习惯的养成,另一方面也因为一举一动都经过了一个极快的思考,以做到得体适当。这既显得从容、严肃、威严,又会给交流的对方以恭敬、踏实的感觉。而且对于一些高层人物来讲,"权位所在,一言之是非,即他人荣辱予夺系焉",怎能信口开河啊。

曾国藩这话是对他儿子讲的,而且格外强调"尔终身须牢记此二语,无一刻可忽也"。意思就是,你要记一辈子,每时每刻都得用这个话来提醒自己。可见他自身是从这一点上格外受益的。我们想,曾国藩本是一介书生,而能震慑三军,与这种修养应当是极有关系的。这种修养再说得概念化一点就是"居敬",说白了就是稳重。要时时事事提醒自己要稳重,最终你真的会很稳重,那时你距离成为大人物就很近了。

当然,不同的文化对稳重有不同的看法,外国人可能更强调活力。我们自己的文化里,稳重与轻慢、迟钝也容易混淆,这是要注意的。

如果将来你是个大人物

文正语录

弟不特不能幅巾归农，且恐将膺封疆重寄，不可不早为之计。学识宜广，操行宜严，至嘱至嘱。

《曾国藩家书》咸丰十一年十一月初四日与国潢国荃书

【谷园解读】

你将来差不了的，甚至可能做省长，得早做准备啊，各方面的知识都要学习，要有操守，不能做些龌龊之事。

要是有一个人德高望重、位高权重的亲戚对你这样讲，那该是怎样地鼓舞人心啊。省长那样级别的官，可能你不敢想，但只要是从政的，谁不想将来做大官呢？尽管绝大多数人都没有得到过这样的鼓励，但谁心底不存一丝期盼，希望自己也可能做到一个较高级别的官呢？

那么，你开始准备了吗？

机遇只偏爱有准备的头脑，曾国藩这里强调两方面的准备：一是学识，二是品质。或者说：一是才，二是德。

人常说，某某晚节不保。其实，早节有问题，可能就没有机会让人来评论其晚节了，因为在人生前几轮的角逐中可能已经被淘汰了。

操行主要在于面对财与色的表现。年轻人还是一个小角色，收入低、开支大，可能很小数目的钱财产生的诱惑也巨大。年轻人性欲、情欲都活跃，有花堪折直须折，人不风流枉少年，这方面也容易出问题。这些问题，当你还不起眼时，没有人在意。当你问鼎某一个位置时，你就站在了风口浪尖，这时，就像马克·吐温的小说《竞选州长》中所描述的，会突然跑上七个不同肤色的孩子抱着你的腿喊"爸爸"。台湾领导人马英九讲，"绝对不碰财与色，是政治行规"。绝对清白，才绝对保险。

当然，做小人物也有无奈。若干年前，有一次领导让我去帮他的朋友替考，我编了个借口推辞掉了。坚持一份操守，必然是有代价的，这里面的权衡，各自把握吧。

终生学习

文正语录

拼命报国,侧身修行。

《曾国藩家书》同治元年正月十四日与九弟国荃书

【谷园解读】

这里的"报国"可以替换一下,比如拼命做官、拼命赚钱。但这些不是全部,做官、赚钱可以是你的主业,是那个场面上的你、戏台上的你、人前的你的表现。但台下、幕后、背地里的你还得有一件事,就是修行。修行这个词还是比较抽象,简单讲就是学习、治学、学问。

今天的很多官员很单纯,就是做官一件事,白天做、晚上想,既要把工作拼命做好,又得跑官、要官、买官,还得联系同僚以备打票之需。确实做好这一件事也不容易,可是生命似乎太过单薄与乏味。这样的人,常常一退休,人生即完结。

古代的官员是"学而优则仕,仕而优则学"。因为学问好,才能做官。官做得好,那学问也得与之匹配。这个学问不是孔乙己式的回字的几种写法的酸腐,而是世事洞明、人情练达、修己治人的学识修养。很多大官,同时是大学者、大艺术家。如王安石、司马光都做过宰相,曾国藩的散文也被誉为"桐城派"的代表,毛泽东则是诗人、书法家,当代一些高层的官员如李岚清是篆刻家和音乐评论家,温家宝总理也是十足的文人。

商人有文人气质者被称为儒商,但我们没听过哪个官员被称为儒官,因为,官员就应当儒。想象一下"杭州市长苏东坡"。

不论你台上做什么,台下的学习应当是终生的主题,这样既会有助于你台上的发挥,也会让你的生命更丰满。

像草根一样奋斗

文正语录

凡世家子弟，衣食起居，无一不与寒士相同，庶可以成大器；若沾染富贵习气，则难望有成。

《曾国藩家书》同治元年五月廿七日与纪鸿书

【谷园解读】

所谓世家，一般指世代显赫的家族，起码传承百年以上吧。由于近百年来中国社会发生了剧烈变革，所以几乎找不到这样的家族了。国外则有很多，比如洛克菲勒、摩根等，英国王室也应当算是世家，我们看到威廉王子要与普通国民一样服兵役，没有任何特权，娶的新娘也是平民。很多华人家族企业也正传承到第二三代，比如台塑王永庆家族、香港李嘉诚家族，而他们的二代在很长的青年时代里都要经历草根一样的独自奋斗的过程。

国内饮料大王娃哈哈的老板宗庆后去年荣登中国内地首富，目前他旗下三分之一的业务由其80后的小女儿宗馥莉管理。宗馥莉上初二时就被送到美国寄宿学校读书，一个亲友也没有，就小丫头一个人，当时娃哈哈向美国出口罐头，宗庆后因业务需要每年去美国一两次，才顺路去看看她。央视的一期节目中，主持人问宗庆后：将来您可能把娃哈哈交给宗馥莉，您要嘱咐她的是什么？宗庆后认真地讲了三条：第一，保持艰苦奋斗的作风；第二，热爱学习，因为学习才能创新，创新才能发展；第三，保持平常人的心态，不论多有钱，都要认识到自己就是一名普通劳动者。

上述说明，曾国藩的话在这些成功的家族是有共识及很好的践行的。

问题出在那些暴发户，包括官场的暴发户。西谚讲：巨大财富的背后都隐藏着罪恶。他们自身的成功就带有很大的偶然性，他们背负着财富的原罪，而且从未忏悔和改过，他们自身能否善终尚不敢肯定，遑论子弟。继而上行下效，上梁不正下梁歪，子弟非但难以成器，不出问题就算不错的了。

当然也有一些是父辈为了成就事业，忽视了对子弟的管教，则另当别论。

要 低 调

文正语录

有福不可享尽，有势不可使尽。

《曾国藩家书》同治二年十一月廿四日与四弟国潢书

【谷园解读】

改革开放三十多年，在有中国特色的社会主义红旗下，一代人完成了自己的资本积累和权势积累，并且历史性地推出了他们的富二代与官二代，这个称谓带着资本主义私有制与封建主义世袭制的刺鼻气息。我的这种表达方式，体现了大众对这个群体的态度与情绪。

他们做错什么了吗？事实上他们中的很多人，继承了父辈艰苦奋斗的精神和优良的基因，正在做着更让人尊敬的事业。同时也有很多人，确实是坐享其成、挥霍、炫富、攫取特权、傲慢放肆。

中国人不患贫，患不均。历代以来，起义者、革命者都抓住这一点，以均贫富为口号。确实，得民心就这么简单。人民大众主体总是相对贫穷，而穷人常常总是仇富。

在这种整体的社会情绪里，富者、官员的行为会被放大化，一丁点儿的出格就会被作为一种挑衅，刺痛大众的眼睛。

为什么撞人的总是宝马？夏利不撞人吗？为什么那个倒霉孩子的爸爸总是官员？

不用说很多，如果你恰好是个"二代"，你应当明白，低调是很重要的。如果你是"李刚"，要以身教，教孩子低调。

降龙伏虎

【文正语录】

释氏所谓降龙伏虎。古圣所谓窒欲，即降龙也；所谓惩忿，即伏虎也。儒释之道不同，而其节制血气，未尝不同，总不使吾之嗜欲戕害吾之躯命而已。

《曾国藩家书》同治二年正月二十日与九弟国荃书

【谷园解读】

降龙伏虎本是佛教里的词，比喻要降伏心中的恶魔，后来则成为古代养生的一个重要观念。降龙就是要克制欲望，特别是不要放纵性欲，在一夫多妻、嫖娼合法化甚至风雅化的年代，类似《金瓶梅》所描写的性欲放纵应当比当今尤甚吧。小说里西门庆死在了这上面，而现实中很多少年皇帝也死在了这上面。伏虎则是控制火气，不要生气，要学会自我化解。什么病都是从气上得，气憋在肚子里，时间一长，就可能憋出一个瘤子来。

这种降龙伏虎的养生观，其实是基于一种明智的处世态度。

一方面，要节制欲望，包括财与色。《小窗幽记》里有一句：恩爱吾之仇也，富贵身之累也。孔子说女人"难养"，对性欲、情欲的追逐，常常不过快乐一时，而随之而来的是对时间、精力、物力的大量占用和各种矛盾的形成，令人徒增烦恼，甚至身败名裂。对此，电影《手机》里有一句经典台词："麻烦"。钱财上贪得无厌或过分小气，同样也不好。即便你真成为一个富豪，也许只是烦恼与辛苦更多一些而已。

另一方面，要控制情绪，提高情商。很多大人物是喜怒不形于色的，这样才让人琢磨不透，深不可测，才有城府。世间不公平、不合理之事太多了，固然有的事要当仁不让、挺身而出、慷慨激昂，但多数情况下，忍一忍才是更有利的。

所以，当我们面对相关的情境时，想一下自己要降龙伏虎吧。

受 气 学

文正语录

吾服官多年，亦常在耐劳忍气四字上做工夫也。

《曾国藩家书》同治二年正月廿四日与纪泽书

【谷园解读】

当我们从校园走向社会，开始自食其力的工作生活，社会大学给我们上的第一门课程，应当就是受气学。在单位受领导的气、受客户的气，甚至受下属的气，回家要受老婆的气。为此我这样安慰自己：有人受累挣钱，有人受气挣钱，受气挣钱更有前途。而且，当我们知道像曾国藩这样的人物都在"忍气"上面修炼，蒋介石都把"心字头上一把刀"挂在嘴边，也就不会觉得委屈了。中国人历来"不患贫，患不均"；不怕倒霉，只要大家都倒霉；不怕受气，因为大家没一个不受气的，美国总统照样被弹劾。

我们为什么要忍呢？孔子说：小不忍则乱大谋。就是如果你对眼前这个利益不能放弃，那么就会损害或者丧失那个长远的、根本的、重要的利益。而且更多的情况是，你的忍其实就是修正调节本来就不正确的观念、不良的情绪，而不是放弃利益。当然，这种权衡之下，有时即便孔子这样的圣人也会急：是可忍，孰不可忍？忍无可忍。怎么办呢？我看可以睡一觉再说。

受了气，定然还有一个撒气的问题，情郁于中必发之于外，不然影响健康。蠢人是从甲受气，跟乙撒气。聪明人受的气，则直接进大肠，转小肠，再到十二指肠，最终出肛门，放个屁。

要有广阔的胸怀

文正语录

自古圣贤豪杰、文人才士,其志事不同,而其豁达光明之胸大略相同。

《曾国藩家书》同治二年三月廿四日与九弟国荃书

【谷园解读】

古今中外的大人物,都有广阔的胸怀。一方面,这种胸怀促进了他们取得非凡成就;另一方面,"不畏浮云遮望眼,只缘身在最高层",成就升华了人的精神,拓展了人的胸怀。

南非总统曼德拉曾坐了二十多年牢,受尽折磨。他就任总统时,邀请了当年曾虐待过他的狱卒到场。这不是为了报复羞辱他们,而是真诚地向他们致敬,他说:自己若不能把悲痛与怨恨留在身后,那么我仍在狱中。

不记仇,不为一点事耿耿于怀,宰相肚里能撑船,这是胸怀的第一层境界。再高一层的境界是什么呢?是宋代范仲淹在《岳阳楼记》里写到的"不以物喜,不以己悲。先天下之忧而忧,后天下之乐而乐"。自身所有的名利得失都不挂怀,心里装的是天下!这篇千古奇文被选录在初中课本里,今天,很多词句我记不清了,但文章的那股气势依然能穿越岁月,激动我心。范仲淹的谥号跟曾国藩一样,都是"文正",其事功、道德、诗文都堪为一代楷模。

怎样才能拓展胸怀呢?

一方面,如曾国藩所讲,"胸怀广大须从平淡二字用功,凡人我之际,须看得平,功名之际,须看得淡,庶几胸怀日阔"。就是要谦虚,要虚怀若谷,要淡定从容,不为物累,潇洒出尘。

另一方面,我从这里的"豁达光明",想到故宫乾清宫的那块匾,上面是顺治皇帝写的四个大字:正大光明。这四字出自朱熹所讲:"大抵圣贤之心,正大光明,洞然四达。"正,就是正义、正直;大,就是着眼大局;光明,就是品德高尚、光明磊落、明辨是非。这些品质也决定着人的胸怀。

雨果说:比海洋更广阔的是天空,比天空更广阔的是人的胸怀。我们做得到吗?于此多一些反省才好。

奋斗并快乐着

文正语录

治事之外,此中却须有一段豁达冲融气象。二者并进,则勤劳而以恬淡出之,最有意味。

《曾国藩家书》同治二年三月廿四日与九弟国荃书

【谷园解读】

这确实是一种极有意味的感觉:在繁杂、劳累的工作中,怀着一种淡淡的愉悦。 对此,曾国藩还写过一副对联:养活一团春意思,撑起两根穷骨头。 苦苦支撑,又怀一派春天般的生机。 用央视名嘴白岩松的话说,则是:痛,并快乐着。

这种境界,一般人恐怕很难达到。 面对一堆棘手的工作,又忙又累,很难保持好的心情。 心理上的情绪变化是摆脱不掉生理上的影响的。 小时候,越是农忙,父亲就会越暴躁,用我们老家的话讲,是因为"累得火呛"。 我自己呢,工作得很忙很累时,并不暴躁,而是抑郁。 上班的路上,就觉得是硬着头皮去,下班才舒一口气。 自己创业,做垂直行业门户网站,虽然是小公司做小网站,但面临的很多问题跟马云做阿里巴巴可能是一样的。 有时网站被黑客黑掉,一两天也搞不定,干着急,郁闷,身体免疫力降低,就感冒,哪会保持什么好心情。 怎样改善这种情况呢?我想:

第一,要热爱工作,用心体会工作中的乐趣,享受工作成果带来的成就感,工作中遇到的各种问题都是暂时的,没有什么大不了的。

第二,要明白工作是为了人生更美好,而不是人生的全部,在工作之外,应当有自己的爱好。 书画摄影、体育运动、旅游,都能让人放松工作中紧绷的弦。

第三,工作之外还要注意关爱家人,享受家庭的欢乐,避免"后院失火"。

让我们套用白岩松的话,一起共勉吧:

忙,并快乐着!

累,并快乐着!

苦,并快乐着!

奋斗,并快乐着!

明　　强

📖 文正语录

担当大事，全在明强二字。

《曾国藩家书》同治二年四月廿七日与九弟国荃书

【谷园解读】

这句话里有两个重点，一是明强，二是担当大事。

"明强"是曾氏"挺经十八法"中的重要章节。他认为《中庸》所强调的"博学、审问、慎思、明辨、笃行"，归纳起来就是明强二字。

他说，我们把伟大之人称为英雄，这个英就是明的意思。明又分高明与精明。高明指对战略、对宏观和大局的预见与掌控，精明在于对战术、对细节的熟知与算计。

强分坚强与刚强。坚强就是坚守到底的那种韧劲，打不垮、拖不烂。刚强强调的是一种阳刚之气，一种强势，所谓"天行健，君子以自强不息"，一种理想主义的激情。

担当什么大事呢？很多。我们只举一例，要担当一个企业，做大这个企业。那么高明应当是对企业发展规划之于国家政策、产业发展形势的把握，精明则是对于企业管理、生产、销售等具体事务的掌握。坚强就是强的执行力，刚强就是强的决断力。说到决断力，让我想到明强与胆识是相通的。明即识，强即胆。史记中有一句"断而敢行，神鬼避之"。这就是强，就是胆。做大企业，不能缺少这一点。

我的企业也做了七八年了，还是很小的公司。对照曾国藩的这句话，我发现自己差距还是很大的，没有战略、过于保守、缺少激情。努力！努力把学问体贴到身上去！

只有偏执狂才能够成功

文正语录

男儿自立，必须有倔强之气。

《曾国藩家书》同治三年六月十六日与九弟国荃书

【谷园解读】

只有偏执狂才能够成功。这是英特尔公司创始人安迪格罗夫的一句名言。偏执者必然倔强。倔强有两层意思：一是主见，我认我的理，别人怎么说，我不管；二是坚持，不达目的誓不罢休。

倔强有时也写成倔犟，说一个人犟，常说九头牛都拉不回。

我们当地的俚语则说"八十斤黑豆做了一个大酱（犟）蛋"。

倔强是一种性格，这种性格的由来与基因有关。父母犟，孩子常常会更犟，这种情况下，孩子常会挨"死"打。因为双方会各执一端，谁也不妥协。然后爷爷奶奶便会心疼地指责这个打孩子的父亲，"打什么打，不都是随你啊！"

对于倔强的孩子经过积极的引导，把他的注意力吸引到积极的事物上来，常常会有所成就。而如果他朝向好勇斗狠的方面，则会是大奸大恶。

不过，曾国藩这话的重点，还是强调坚持这一层意思。当时，他弟弟曾国荃率兵包围太平天国的南京城快有一年了。兵法讲究一鼓作气、再而衰、三而竭。长期的相持，必然导致士气低落，这时那一口男儿的倔强之气就很重要，不松劲、不泄气，要撑到最后的胜利！

曾国藩的美学情趣

文正语录

有气则有势，有识则有度，有情则有韵，有趣则有味，古人绝好文字，大约于此四者之中必有一长。

《曾国藩家书》同治四年六月初一日与纪泽纪鸿书

【谷园解读】

曾国藩多数情况下可能真就是一个瞪着三角眼拿着架子板着脸的人，这对他来讲是必须的，他的一大修养就是"庄敬"，他强调驭下宜严，教子宜严，这样就必须得让自己显得威严，得不苟言，不苟笑。但在这冰冷的外表下面，仍然有一颗温情细腻的心，这一点，一方面从他家书里的训教子弟语重心长、苦口婆心可以看到，另一方面体现在他对读书、对文学艺术的热爱。他曾讲，自己性喜读书，即便在军务异常繁忙时，本不该读书耽搁时间了，可若不读几页，就会感觉太过沉闷枯燥。

对于两个儿子的读书，他经常强调不求强记，不求苦学，而是强调涵泳、品味，认为读书也好，做事也好，只有真正从中体验到乐趣才可能坚持有恒，而且经常指点子弟怎样去发现书中的美。本篇所录这句话，是他美学思想的一个重要体现，他强调四个方面：气势、识度、情韵、趣味。

他自己的诗文自然也是追求这几个方面。比如他存世最早的一首诗是十四岁时写的《小池》，就已颇具气势："屋后一枯池，夜雨生波澜。勿言一勺水，会有蛟龙幡。物理无定资，须臾变众窍。男儿未盖棺，进取谁能料。"另外，做翰林时写的几篇著名的奏折，还有其他很多诗文，都议论纵横、气势宏开，读来让人精神振奋、激情澎湃。

识度，主要是指对人生事理的透彻分析，类似本书收录的格言警句，在曾国藩的文字中俯拾皆是。

情韵，主要体现在字里行间对子弟的深情厚望，对朋友的真诚勉励。

趣味方面，我注意到三个片段。一次，是在给湘军另一位领袖胡林翼的信里互相调侃：万事无成，这是我的专利啊，你怎么能抢去呢？另一次，讲某人好赌，把家都输光了，但这厮却大言不惭地对人讲：我赌是赌输了，但赌技练出来了。还有一次，是朋友推荐一位人才来做曾国藩的幕僚，当时很多人都想通过这个途径来混个前途，曾国藩就先给人家泼凉水。说有一个盗墓贼发现两个大墓，断定里面有好货。半夜里挖开一个，棺盖打开，里面的人呼地坐起来，伸着懒腰跟盗墓贼打招呼：你好，我是伯夷。盗墓贼很失望，就去挖另一个墓，挖着挖着，后面有人拍他肩膀说：别挖了，这是我弟弟叔齐。《史记》有伯夷、叔齐这哥俩的传记，都是宁守清贫饿死的，他们的墓里当然什么也没有。

而我想强调的是，为官也好，做企业也好，或者做别的什么工作，这样一种对美的感受，一种人文情怀是需要具备的。

曾国藩的八德

📖 文正语录

余近年默省之"勤、俭、刚、明、忠、恕、谦、浑"八德，就中能体会一二字，便有日进之象。

《曾国藩家书》同治五年三月十四日与纪泽纪鸿书

【谷园解读】

其实儒家类似的表述很多，比如"孝、悌、忠、信、礼、义、廉"，"温、良、恭、俭、让"，"恭、宽、信、敏、惠"，"智、仁、勇"，"仁、义、礼、智、信"，都是强调人格修养所包含的各种品质，这种表述的形式类似一个提纲，或者类似英文的缩写。这种形式便于记忆和在实际的修炼中运用。我们记住曾国藩默省的这八个字就可以了，而不用背诵一篇上千字的行为守则。他的先人、孔子的嫡传弟子曾参则是默省三个字：忠、信、习，为人谋而不忠乎？与朋友交而不信乎？传不习乎？

我们不妨也以此八德自省一番：

勤。我够勤奋吗？做到了身勤、心勤、眼勤、手勤、口勤吗？

俭。我够节俭吗？消费是不是节俭，精力是不是节俭？

刚。我够刚毅吗？够坚强、坚忍吗？那份理想主义的、进取的热情和毅力还有吗？

明。我够明白吗？够精明、英明、高明吗？我的学识还够用吗？

忠。我对得起天地、对得起国家、对得起朋友、对得起家人吗？

恕。我对人是不是够宽容？是不是做到了严于律己、宽以待人？

谦。我在人前是否谦恭礼让？是否能发现别人的优点，而不是目中无人，口出狂言？

浑。我是否能及时调整自己适应各种场合和氛围，与大家浑然一体，而不是格格不入？

前四字是内在功夫，后四字是外在功夫。

学艺三境界

文正语录

凡大家名家之作，必有一种面貌，一种神态与他人迥不相同。

《曾国藩家书》同治五年十月十一日与纪泽书

【谷园解读】

艺术不分门类，只要称得起名家、大家者，都有一种与众不同的、鲜明的个人风格。曾国藩以书法为例，晋代二王、唐代欧、褚、颜、柳，都是自成一家。一样的汉字，他们写出来却一点一画都各有特色，就跟人长得既好看又个性似的。他认为张照、何焯之所以比刘墉（刘罗锅）的书法要差一截，就是在于没有形成独特的个人风格。

这番话，对我颇有启发，让我进一步总结出书法的三境界，或者说是学习书法的三个阶段：第一要知道字怎么写，第二要精熟，第三要出自家面貌。知道字怎么写，这并不容易，特别是草书、篆书的结构、写法要全部掌握，能做到这一点的书法家并不多。不知道怎么写，就不可能精熟。知道怎么写了，还要不断地重复练习，《卖油翁》里讲"无他，唯手熟耳"。手熟了，精熟才可能出精神。这两段做到了，第三层境界便可水到渠成，自然而然之间"见性成佛"，个性也就出来了。

其他艺术也是一样，要想成名家、大家，必然要经此三境界：要有扎实的基本功，经过不断的重复练习实践，形成鲜明的个性风格。艺术之外的很多事，这个道理也是适用的。

曾国藩家书中对于自己学习书法多有提及，从中我们可以知道，他四十岁以后学李北海，动辄临写上千张纸，可以说是用功至勤、用心至深的。我有一本《晚清名臣手札》，是曾国藩、胡林翼、骆秉章、左宗棠、李鸿章、彭玉麟、李元度等湘军将领的书法。这些人都不是以书法名世，但把当代最强的书法家启功的作品跟他们放在一起，也难分出高下的。人常把琴棋书画相提并论，其实不然，书法在风雅之外，更多实用的意义，对于文人士大夫来讲，书法是与诗文并重的。

胯下之辱

文正语录

吾生平长进,全在受挫辱之时。务须咬牙厉志,蓄其气而长其智,切不茶然自馁也。

《曾国藩家书》同治六年二月廿九日与九弟国荃书

【谷园解读】

受挫受辱,不外失败、被欺负、被藐视。

类似失败乃成功之母之类的道理颇多,不必赘述。

人类社会其实永远遵循优胜劣汰、弱肉强食的原始自然法则。整个中国近代史就证明了一句话:落后就要挨打。但中国人正是一直抱定曾国藩这个思想,"好汉打脱牙和血吞",你打我,我咬牙励志,徐图自强,早晚老子要把你治了。1998年,科索沃战争中,美军炸了我们的大使馆,我当时真有上前线的心。可我们的国家还是忍了,我们韬光养晦,发展经济。据说,到2018年,我国的经济总量会超过美国,在本世纪里我们终将成为世界最强。我们青年在成长的过程中,在奋斗的过程中,起点是低的,实力是弱的,被欺负、被藐视是难免的。而且,有时那个欺负你、藐视你的人并不比你强大,他可能就是个无赖而已。那滋味实在不好受。怎么办?

那个著名的韩信忍胯下之辱的故事是这样的。一群无赖逼韩信:你要有种就杀死我,要认怂,就从我胯下钻过去。韩信就钻了。几年后他带雄师百万,帮助刘邦打下一个天下来。

"蓄其气"就是俗话讲的人争一口气!"长其智"就是要长脑子,长能耐。

情感生活中也有这个问题,那个伤害你的人,放弃你的人,你感谢他吧,你要活出个样子来让他后悔。

不忮不求

📖 文正语录

圣贤教人修身，千言万语，而要以不忮不求为重。

《曾国藩家书》同治九年六月初四日将赴天天津示二子

【谷园解读】

忮就是嫉妒心，求就是功利心。这两种心态于常人都是难免的，即便曾国藩也是"余于此二者常加克制，恨未能扫除净尽"。其实凡事都有其善恶两面。适当的嫉妒心其实也是好胜心、上进心，看到别人优秀、成功，心里酸酸的，于是人争一口气，也要如何如何。这没什么不好。同样，适当的功利心，也是人奋斗的原动力，真要是无欲无求，都出家做了和尚，这世界也就没法发展了。

问题是，人总是做不到适当，总会走向极端，这是人性的弱点。

我很荣幸与邵燕祥先生有过一面之缘，他青年时代是著名诗人，现在写很多批评文章发在《南方周末》，对人性有深刻的认识。他的一首诗《嫉妒》，只有短短的两句：一棵树看着一棵树/恨不能自己变成刀斧/一根草看着一根草/甚至盼望着野火延烧。你看，这嫉妒有多可怕。

功利心有两方面：一是贪名，武侠小说里经常有这样的故事，为了争天下第一的名头，不惜伤害亲人朋友，让整个江湖血雨腥风；二是贪财、贪污的，图财害命的就不说了，为五斗米而摧眉折腰事权贵，放弃了自尊、迷失了自我，这样的人同样比比皆是，为了一个财字损害了健康的就更多了。

与这两个心相对的是平常心。用平常心来调剂一下嫉妒心和功利心，不要让其走向极端，这是我们要警醒的。

慎独以不看黄片为本

文正语录

慎独则心安。

《曾国藩家书》同治九年十一月初二日与纪泽纪鸿书

【谷园解读】

这句话是曾国藩晚年家训中着重强调的。慎独这个概念出于《中庸》，意思是当你独自一人时，道德观念、自律精神那根弦不能松，要管住心中的魔鬼，做一个人前人后一个样，表里如一的正人君子。

包括《中庸》在内的"四书五经"这些传统经典之所以具有传承千年的生命力，在于它们是基于人性的。它们正视人性的优点与缺点，并在此基础上提炼出一套修身、齐家、治国、平天下的理论与方法。比如，在性这个问题上，孔子就讲"食色，性也"、"饮食男女，人之大欲存焉"、"吾未见好德如好色者也"等，都是把性作为跟吃饭一样的人的正当的需求来看待。甚至在《论语》里，有一段关于孔子会见一位叫南子的美妇的暧昧描述。

儒家强调慎独，同样是基于人性。虽然进化了上百万年，但人跟猴子还是有一点很相似：都喜欢表演、喜欢被人关注。在别人面前，每个人都在不同程度的表演，展示自己的美好，把缺点和丑陋之处尽量隐藏起来。当没有观众时，则容易坦露出本性、本能的那些东西来，其实主要还是性方面的问题。对于一个独自关在卧室的青春期的小男生来讲，可能会手淫；对于一个独自出差在外的成年男子来讲，可能会找色情服务；对于一对烈火干柴的孤男寡女，可能会越过雷池；对于一个孤单无聊的上网者，则可能与陌生的网友轻浮地调情，或者看黄片，甚至裸聊。在这个百无禁忌的互联网的时代，还流行所谓"宅男"，独自守着个电脑"宅"在家里，怎样管好自己，不虚度光阴，做有意义的事，这是很现实的问题。

曾国藩给子弟讲人生的大道理时，一般都能给子弟指出一个践行这个大道理的简便易行的出发点。比如他讲勤奋要以早起为本，讲戒骄躁要从少说话做起，他著名的"八本"也都是这样的一个特点。关于慎独，这是一个大概念，包含的思想自然不是限于性这一点的，人还有各种各样的欲望都要慎独，但我们青年不妨套用曾国藩的方式来自律：慎独以不看黄片为本。

其实古人也有类似的话的：非礼勿视。

精英气质

📜 文正语录

内而专静纯一,外面整齐严肃,敬之工夫也;出门如见大宾,使民如承大祭,敬之气象也;修己以安百姓,笃恭而天下平,敬之效验也。

《曾国藩家书》同治九年十一月初二日与纪泽纪鸿书

【谷园解读】

敬,是曾国藩思想体系里很重要的一个元素,包含了认真、专注、严谨、庄重等意义,强调的是一种劲气内敛的精神气质,是古今中外的精英阶层共同的精神气质。特别是政商两界的精英,虽然也有个性张扬的,多数也不失幽默,但作为一个整体,他们更多的时间着正装,头发一丝不乱,表情严肃,做事专注,言行皆有鲜明的职业特点。

曾国藩这段话,对"敬"字做了展开。

"敬"之功夫,强调修养层面,心灵要专注于你追求的东西,要有静气,沉静,要纯粹一些,守住那些根本的、简约的原则;言谈举止要严肃、庄重,衣着要正式。

"敬"之气象,强调实践层面,每天从家里出来时,穿着仪表都应当像出席正式场合一样认真对待,即便休闲装也要整洁大方,待人接物都要恭敬有礼;为官做事要怀一份宗教般的虔诚,认真负责,不能有一丝大意放松。

"敬"之效验,强调理想层面,通过时时事事秉持这个"敬"字,实现修身、齐家、治国、平天下的人生理想。

这三个层面整合起来,组成一幅由内而外的精英气质。

出门如见大宾,使民如承大祭,修己以安百姓,笃恭而天下平,这些话都出自孔子。

其实这段话的主要内容都出自《左传》、《论语》等儒家经典,这种精英气质是中国人两千多年来一贯秉承和推崇的。

不做亏心事

文正语录

人无一内愧之事,则天君泰然,此心常快足宽平,是人生第一自强,第一寻乐之方,守身之先务也。

《曾国藩家书》同治九年十一月初二日与纪泽纪鸿书

【谷园解读】

不做亏心事,不怕三更鬼叫门,心中一片坦然,风度自然从容,身体自然强健,心情自然愉悦。

孟子讲人生有三乐:父母俱存,兄弟无故,一乐也;仰无愧于天,俯不怍于地,二乐也;得天下英才而教育之,三乐也。这第二乐就是不做亏心事。反之,就会紧张、焦虑、猥琐,损害身体健康,也谈不上什么放松和快乐。

为什么呢?因为中国有三大观念深入人心。

一是因果报应的迷信观念深入人心。中国人相信天人感应,做坏事、恶事、伤天害理,会遭报应,会天打五雷轰。一般人也不敢指天发毒誓,因为相信天会听到,相信人在做、天在看。

二是杀人偿命、欠债还钱的法制观念深入人心。有人可能认为中国是人治,而不是法制,这是错误的。因为民间当面对不平事时,首先想到的就是"还有王法吗"。只不过,中国人的法制观念可能不像西方的那样精确细致,而是一种"大"法制。人们相信,法网恢恢疏而不漏,只要你做了违法的事,迟早有东窗事发之日,莫伸手、伸手必被捉。要有这样一把剑悬在我头上,我肯定是睡不着、吃不香。网上报道有个抢劫犯被通缉了好几年才抓到,这哥们被抓后第一句话差点没把大家笑死:感谢警察同志,你们抓到我,让我这心里一下子踏实了。

三是良心道德观念深入人心。人性本善,都有一颗是非善恶之心,讲究做事要对得起良心。中国骂人最狠的话是"丧尽天良",这样的人猪狗不如。

不过,话说回来,谁这辈子还没点过错呢?认真反省,知过必改,引以为戒,做错了事,积极做补救,让自己过得去也就可以了。

钱只会借给勤劳者

文正语录

君子欲为人神所凭依,莫大于习劳也。

《曾国藩家书》同治九年十一月初二日与纪泽纪鸿书

【谷园解读】

"习劳"说白了就是习惯了劳作。就是踏踏实实,天天干!这是一种美德。凡是美德都有无形的价值,人们会因此喜欢你,信任你。而且,如曾国藩所言,连神都会顺着你,给你好运气。

松下幸之助有一观点,勤劳积攒的钱更值钱。他举过一个例子,有一个妇女,在宾馆做保洁之类的工作,勤勤恳恳地做了十五年,后来,想自己开一家宾馆。于是她向一位比较熟悉的客人借钱,这位客人问她自己有多少钱,还要借多少钱。这个妇女说,自己在宾馆做了十五年积攒了20万日元,还需要再借20万日元。这位客人对她的经历很了解,就把钱借给了这个妇女。后来,果然这个妇女的宾馆办得很成功。

说到借钱,我们都遇到过这个情况,可能是向别人借,也可能借出。这中间,借钱的人是否勤劳踏实必然是一个重要的决定因素。

节俭是一种价值观

文正语录

极俭以奉身，极勤以救民。

《曾国藩家书》同治九年十一月初二日与纪泽纪鸿书

【谷园解读】

这里我们主要说一下俭。几年前出了"拉动消费"这么个词，就有问题，崔永元的一个节目中一个小伙写了一本《走出节俭的误区》，被老崔表扬。而且，什么美国老太太贷款过"好"日子，到死还清；中国老太太一辈子节俭，到死才过上好日子，说中国老太太太傻了。不过，现在这种价值判断不那么一边倒了。

其实，节俭是一种价值观，是一种生活态度、生活方式。即便在物质匮乏的年代，节俭也并不仅仅是一种被动选择。从做官的角度，非节俭无以养廉，骄奢则必贪。从经济学的角度，节俭意味着对长远利益的追求，而不是提高短期的生活质量；从现代养生的角度，少吃，吃粗粮，控制饮食有利健康；从企业运营的角度，有所为，而有所不为，专注一点，可能会走得更远；从美学的角度，简约永远是一种时尚，从超短裙到比基尼，然后到人体艺术。

很多大人物把节俭作为人生信条。2011年王雪红女士以68亿美元资产新晋台湾首富。她从被称为"台湾经营之神"的父亲王永庆身上继承的两大品质之一，就是节俭，另一个是勤奋。王永庆一条毛巾用十几年，他喝咖啡的时都要把咖啡倒回装奶精的小盒子，将残留奶精涮出来再喝。他们一家住着三十年前买的房子，王雪红则一辆凯美瑞开了十几年。我读股神巴菲特自传，有一段让我大跌眼镜，他竟然因为妻子给他父亲老巴菲特的棺材买贵了而与妻子争吵。

更多人的节俭是从贫穷苦难生活中养成的习惯。一般情况下，我们这一代不如父辈节俭，而他们则不如爷爷那一代节俭。因为往上数，一代比一代苦。国内著名餐饮企业俏江南的老板张兰女士，童年与母亲下放农村，吃尽了苦。她说吃饭时，经常会不经意地把一张餐巾纸撕开，分两次用。

曾国藩还经常强调节俭是惜福之道。这话怎么理解呢？

农村有一个说法，人这一辈子好比都是吃一袋子面，有的人省着吃，就可以吃得长久，因此寿数就高。有的人不知节省，吃完了，人就死了。富贵人节俭是自求其缺，利于持盈保泰。

不过，孔子在两千年前就对节俭有反思，认为"奢则不逊，俭则固"。节俭有一个度，因节俭而吝啬、财迷、小气、小农意识的人很多。所谓"极俭以奉身"强调的是对己节俭，而对人应慷慨，投资事业也要大气。

能耐、出息是挺出来的

文正语录

为一身计，则必操习技艺，磨炼筋骨，困知勉行，操心危虑，而后可以增智慧而长才识。

《曾国藩家书》同治九年十一月初二日与纪泽纪鸿书

【谷园解读】

人这一辈子要想混出点样来，就必须盯住了一个领域不断地学习、实践，形成自己的专长，还要锻炼好体格，在一个个困难跟前不退缩，在解决问题的过程中学知识长本领，要努力、再努力地挺过去，所谓战战兢兢、如履薄冰，那么多的烦恼啊、担惊受怕啊、压力啊，都扛下来，只有这样才能长出息、有能耐。

这一段话也可以浓缩成一个字：挺。曾国藩有本书就叫《挺经》，他的一生，这么大成就，其实也是靠这一个字。有一个著名的段子，曾国藩带领湘军对阵太平天国的初期，经常吃败仗，甚至两次投水自杀，其间他给朝廷的汇报材料里，便如实地写到，虽然很努力，但屡战屡败，云云。有位高级幕僚建议把"屡战屡败"改为"屡败屡战"。果然，经此一改，皇帝非但没有责怪败绩，反而大加褒奖，也振奋了曾国藩的精神，咬牙挺着，最终克成大业。这叫什么？这叫硬汉！

说到硬汉，大家可能首先想到影星施瓦辛格、史泰龙秀出一身健美的肌肉，表情酷酷的样子，那不叫硬汉。同样在西方人中，反而是那个跟曾国藩一样每天拿着笔写东西的海明威才是硬汉。他在《老人与海》中有句名言：一个人，你尽可以打倒他，但永远打不败他。说的也是这个"挺"字。

有广告语，"做女人挺好！"也有广告语，"做男人挺好！"

其实无论做女人还是做男人，挺着都挺累的，但只有挺起腰杆，挺住，才能有好日子过，才会有好前程。

当我写到这里，才惊奇地发现，所谓"励志"，那么多的励志图书、电影、歌曲、诗句、名言等等，说一千、道一万，无非一个"挺"字！其实，学曾国藩挺好。

大丈夫的气质

文正语录

神明则如日之升，身体则如鼎之镇，此二语可守者也。

《曾文正公全集》【一】求阙斋日记类钞 卷上 问学

【谷园解读】

人要有朝气、要有精气神，腰板要直，脚底下要有根，往哪一站一坐都要像个大鼎一样，要有静气，要稳如泰山。我理解，这就是大丈夫的气质。

曾国藩是相面高手，传世有相学名作《冰鉴》。他写这本书主要是结合传统相学的一些思想，总结自己观人、识人的经验。现代的人力资源管理也有星座、血型之类的分析，其实这种传统在中国是非常悠久的，我们知道诸葛亮也是结合相面来选将用兵，比如他说魏延有反骨，所以不重用之。

曾国藩之所以强调这种外在的精神气质，也说明具备这样气质的人多有栋梁之材。

这种气质的形成，固然与内在的修养和身体健康情况有关。平时这种自我暗示、不断强化这种外在的感觉也是很重要的。有个词"装腔作势"，是贬义的，但我理解，"装"是必须的，装的时间长了，对人的内在也必然形成影响，装来装去可能真就是那么回事了。

孩子的心境

文正语录

灵明无著,物来顺应,未来不迎,当时不杂,既过不恋,是之谓虚而已矣,是之谓诚而已矣。

《曾文正公全集》【一】求阙斋日记类钞 卷上 问学

【谷园解读】

这样一种心境:心底一派空明澄静,事情来了,专心应对;事没来,不为之忧虑;事过去了,不挂在心上,不念念不忘。《呻吟语》把这种心境比作照镜子,照时纤毫俱清,不照时空明无着。我看,这就是一个孩子的心境。小孩子会专心地用积木垒起一座城堡,你若把它碰到,他会大哭,稍后则会忘得一干二净,并在另一个游戏里开心大笑。

唐代孙过庭《书谱》里讲书法艺术的修炼过程:初求平正,务追险绝,复归平正。意思是一开始,要练好基本功,要横平竖直,工工整整;然后要追求个性,讲究大开大合,激情飞扬;最高的境界则是重新回归到一派平淡天成的感觉。这是一个否定之否定的过程,把它描述得再精炼一点:简单 - 复杂 - 简单。

否定之否定是马克思主义哲学所强调的事物发展的普遍规律,人的修养也要经历一个这样的过程,要从孩童的简单,到成人的复杂,进而经历"不惑"及"知天命"的修炼,重新归于简单平易。所以,孟子说:大人者不失赤子之心。大人物会保留一颗孩子般的心。

绝大多数的人,为类似电影《2012》那样虚幻想象中的危险与困难而忧虑;为昨日的不快而耿耿于怀;脑子里永远有万千思绪,搅动得心神不安。其实真有什么事,车到山前必有路,即便没路,胡思乱想也于事无补。

活在当下,专心做好手里的事,这是王道。

不护短最轻松

文正语录

知己之过失,即自为承认之地,改去毫无吝惜之心,此最难事。豪杰之所以为豪杰,圣贤之所以为圣贤,便是此等处。磊落过人,能透过此一关,寸心便异常安乐,省得多少胶葛,省得多少遮掩装饰丑态。

《曾文正公全集》【一】求阙斋日记类钞 卷上 问学

【谷园解读】

这里提到的是一个比较突出的人性弱点。知过必改,这是一个很常识、很基本的修养,但如曾国藩所言,其实是"最难之事"。为什么呢? 人性问题,中国人是死要面子的,承认错误会觉得丢面子,特别是位高权重者,会认为有损权威与尊严。当然,有时也是出于利益的考量而不敢于担当。当出现过失时,极力遮掩,造很多假,说很多谎,于国家或他人造成诸多损失,于自己也心不安宁。

与这种文过饰非之心相近的,还有一个护短的心。

天地本不全,人自然也没有全能的,总有弱项。作为官员,管理社会事务的很多方面,相对博学固然好,但有弱项也是自然的。比如有的官员长于实干,而略输文采、稍逊风骚,承认这一点,偶尔冲下属自谦一下:我是个粗人,哈哈一笑,并不失其魅力,反而更为亲和与个性。可偏偏要打肿脸充胖子,摇头晃脑、咬文嚼字、附庸风雅,就让人笑话了。

生理方面的短处,比如秃头,硬要弄个"地方支援中央"也不大好,葛优、陈佩斯的样子不更精神吗? 当然,审美眼光各异,我只是举个例子。

人非圣贤,孰能无过,孰能无短。孔子的学生子贡讲:"君子之过也,如日月之食焉。过也,人皆见之;更也,人皆仰之。"作为一个成功之人,很多人关注着你,你的过失就像日食月食一样,大家都看得到的,改了,人们就会更加敬仰你。你的短也一样,坦然对之,大家更会尊敬你,你也更轻松。而那些看不出毛病来的,很多则是大伪大奸之徒。

你应当知道的周易六卦

文正语录

天,行健,君子以自强不息;地,势坤,君子以厚德载物;颐,君子以慎言语,节饮食;损,君子以惩忿窒欲;益,君子以见善则迁,有过则改;鼎,君子以正位凝命。此六卦之大象,最切于人。颐以养身养德,鼎以养心养肾,尤为切要。

《曾文正公全集》【一】求阙斋日记类钞 卷一 问学

【谷园解读】

关于读书,我有几点体会:一是看了很多书,真正印象深刻的没有几本,有的书连名字也想不起来了,更谈不上什么内容。二是有的书也不见得看多深,甚至不必看完,甚至看几句就可以对自己的人生产生影响。《庄子》所谓"目击而道存",就是说,你看它一眼,不用什么解释,也不用怎样的深究,就立即心领神会。比如,我看《基督山伯爵》,书太厚,看着憷头,我只翻了一下开头与结尾,收尾的那句"人类所有智慧的总结就是希望和等待"却让我永远铭记,并一直给予我激励。还有的书千言万语只为强调一个道理,这样的书,只看一下书名就足够了,比如《细节决定成败》。

我们多数的年轻人,可能都还没有读懂《周易》的功夫,也提不起对中国最古老的表达方式的兴趣,那就仅仅学习一下曾国藩推荐的这几句"最切于人"、最关乎个人修养的话吧。

"天行健,君子以自强不息"。这是名言,我们谈励志,千言万语止于此。厚德载物是清华大学的校训。厚德,就是宽厚、仁爱、浑厚、厚积薄发,具备这个厚字,才可以团结人,才可以成就事业。"慎言语"、"节饮食"、"惩忿窒欲"、"见善则迁"、"有过则改"这些都是修身的注意事项。"正位凝命"这四字不大好理解,其实就是曾国藩经常强调的"敬"字,即庄重、严肃、认真、专注之意。

《周易》早于诸子百家,孔子、老子的很多思想都来源于此,可谓中华思想文化的本源。自然,曾国藩的思想追根溯源也不外于此。

修身三字经

文正语录

古人修身、治人之道,不外乎"勤、大、谦"。

《曾文正公全集》【一】求阙斋日记类钞 卷上 问学

【谷园解读】

曾国藩总结过五勤,即心勤、身勤、手勤、眼勤、口勤。首要的是心勤。如果心不勤,别的再勤可能收益也是一般般。就像很多忠厚老实的农民,一年到头地辛苦劳作,忙农活,农闲干建筑,收入却不高。俗话讲:智养千口,力养一身。在体力上的勤,如果不结合智力上的勤,就会很局限。反之,如果很多思考的成果不积极动手去落实,也是一场空。

谦虚的前提是有真本事。很多社会底层的人,他比谁都谦虚,甚至是谦卑,他会为一份工作给人下跪。这与谦虚是两码事。谦虚既是一种修养,更是一种生存智慧。对一件事你有十足把握,谦虚一下,自认把握只有八分,这样其实为自己留出了回旋的余地。对一个人,你本比他优秀,谦虚一下,把对方举在前面,就赢得了一位朋友。

人本能地会高估自己,谦虚一下,可能更接近了真实的水平。印象中《三十六计》有一计是"扮猪吃虎",一个把谦虚做到家的人,会消解一切敌意,从而掌握了斗争的主动。谦虚不难,难的是要有度,要收放自如,一味谦虚也不好。

曾国藩讲,"能勤且谦,则大字在其中矣"。大就是要胸怀大志、大大方方、大肚量,这三样加起来,就是大格局。一个有此格局之人,能勤且谦,何患不成功。

天下的至理都是简简单单,谁都明白,做到却很难,修养的功夫,正在于此。

人生三乐

📖 文正语录

勤劳而后憩息，一乐也；至淡以消忮心，二乐也；读书声出金石，三乐也。

《曾文正公全集》【一】求阙斋日记类钞 卷上 问学

【谷园解读】

有钱可以让人更快乐吗？做官可以让人更快乐吗？我供职于机关，大家都一门心思要升个官什么的，看到别人升官，心底既艳羡，又有几分酸溜溜的感觉。不过，刚升了官的哥们则坦言，那种快乐的感觉只不过几秒钟而已，比射精的快感长不了多大会。虽贵为总统、富甲天下，而屡有自杀者，足见人生的快乐几乎与成功无关。不过，话又说回来，平凡之人快乐就多吗？其实大家都一样，快乐总是短暂的，烦恼是无穷的。不过，怎样快乐多一点呢？我想，以一种平和的心态，做自己喜欢的事，这样就可以。

曾国藩这里所讲的三乐，不论高低贵贱，皆有体验。

麦收时节，在田地里劳作一天，又累、又热、又饿，傍晚一家人在院中围着小桌子喝啤酒、吃肉，吹着清凉的夜风，那种轻松惬意无可言喻。早晨跑步出一身汗，回家冲个澡，会感觉一天都清爽。为写一篇文章，调查研究、查阅资料、冥思苦想、挑灯夜战、反复修改，写好的那一刻会有一种极舒服的满足感。这些都是勤劳而后憩息之乐。

"忮心"就是忌妒之心、红眼病。不忌妒、不眼红，淡泊为人，不逐名利，你走你的阳关道，我过我的独木桥，这种乐趣其实就是孔子所追求的"暮春者，春服既成，冠者五六人，童子六七人，浴乎沂，风乎舞雩，咏而归。饭疏食饮水，曲肱而枕之，乐亦在其中矣"。

读书的乐趣就更是无穷了。要是不为生计所累，不知得有多少人愿意一生只为读尽天下好书。

真正能享受这三种乐趣的人，有一个极致人物，就是陶渊明。勤劳则"晨兴理荒秽，带月禾锄归"，恬淡则"采菊东篱下，悠然见南山"，读书则"好读书，不求甚解，每有会意，便欣然忘食"。

我们可能做不了位高权重的曾国藩，那就争取做个平淡天成的陶渊明吧。

交友之道

文正语录

凡人交友,只见得友不是而我是,所以今日管鲍,明日秦越。尽人欢、竭人忠之过,宜速改过。

《曾文正公全集》【一】求阙斋日记类钞 卷上 省克

【谷园解读】

这是曾国藩记述的父亲对自己交友方面的训导,这里面提到的"竭忠尽欢"是我们经常犯的毛病。因为有这个毛病,总是看到朋友做得不好,而看不到自己做得不好,结果就"今日管鲍,明日秦越"——今天还像管仲与鲍叔牙这对知己一样亲密,明天则就像秦国跟越国一样疏远。

我爸爸就常说,人跟人交往,你对他做了九件好事,然后有一件不好,前面的就都白做了。其实往往只因为一句不经意的话,一起相扶相持、生活若干年的亲兄弟就反目成仇、婆媳就大战、夫妻就离婚,这实在的人性的弱点啊。所以前贤千叮万嘱要慎言。

《礼记》讲,"君子不尽人之欢,不竭人之忠,以全交也"。要想维持长久的交情、友谊,那就不能要求别人处处都讨你欢心、对你无限忠诚。不能苛责对方,要给对方空间,谅解他可能不尽如人意的做法、言行。

有一位领导在工作方面曾给过我帮助,我把他作为自己的"贵人",非常感激。然而一次无意之间,我发现,他曾经承诺给我的事并没有做到,而我一直蒙在鼓里。当时我很失望。不过冷静之后,我想到,他毕竟帮过我,而没有做到的地方,他可能也有无奈之处,我仍然应当感激他。我的一位朋友也遇到过类似的事情,他的总结是:虽然最终的结果并不好,但对方的心是好的,出发点是好的,因此仍要感恩。

另一方面,曾国藩还经常强调,不能有"市恩"之心。意思是,你去帮助别人时,不要希望别人回报你。"市"就是交易的意思,如果有了这种算计,友情也定然无法长久。

《庄子》中有句话:"君子之交淡若水,小人之交甘若醴;君子淡以亲,小人甘以绝"。如果我们把友情看得平淡一点,彼此更加轻松地面对,这样不但更加亲切自然,而且,实在是长久之道。

其实,何止友情,亲情、爱情都是这个理。

善于等待

文正语录

勤学问以广才，扩才识以待用。

《曾文正公全集》【一】求阙斋日记类钞 卷上 治道

【谷园解读】

当幸运女神向你微笑着发出召唤之前，你要经历一个也许漫长的默默等待的过程。这个过程里，你可能在做着某种平庸的工作，默默无闻，没有人拿你当回事。但有一天出现了转机，迎来了你人生的机遇。

如孟子所言：舜发于畎亩之中，傅说举于版筑之间，胶鬲举于鱼盐之中，管夷吾举于士，孙叔敖举于海，百里奚举于市。当那个机遇出现时，舜、傅说、胶鬲、管夷吾、孙叔敖、百里奚这几位后来的大人物，分别在种地、干建筑、卖鱼、坐牢、隐居、当奴隶。

当那个机遇出现时，后来做了央视主持的赵普在做保安；当那个机遇出现时，"许三多"在建筑工地做小工；当那个机遇出现时，左宗棠还在为不能考上进士而自卑。当那个机遇出现时，他们已做好了准备，一把就抓得死死的，实现了人生的绝地反击，并大获全胜。

西方有谚语：机遇只偏爱有准备的头脑。

这个准备，无非就是曾国藩所强调的勤学问、扩才识。他还说过，人生唯有进德修业两事靠得住，意思是别的方面可能都是命运弄人，凭自己的意志不能控制，但提升自己的修养、学习，这两件事是随时随地可以进行，并有所收益的。

台湾作家李敖坐过很多年的牢，但他一天也没有放松读书，坐牢反倒成了格外适宜读书的境遇。

"文革"中很多人被打倒，劳动改造十几年，但平反之后，他们很快就恢复状态，做出了不起的事业，靠什么？他们没有放弃学习和对人生世界的思考。

对于青年来讲，"切不可浪掷光阴"，利用一切时间学习，是金子总会发光，这真的是真理。

怀才就像怀孕，到一定月份就会看出来的。

我也总是用这样一句话来激励自己。它是厚厚的长篇小说《基督山伯爵》的最后一句：人类所有智慧的总结就是希望和等待。

静

📖 文正语录

千军万马金鼓喧阗之中,未始非凝静致远、精思通神之地。

《曾文正公全集》【四】批牍 卷一
咸丰三年正月起至八月,长沙行辕

【谷园解读】

在千军万马一派喧嚣之中,要能静得下心来,从容挥洒自己的智慧才情。这是古人修养要追求的境界。

诸葛亮在写给儿子的《诫子书》中讲:夫君子之行,静以修身,俭以养德,非淡泊无以明志,非宁静无以致远。其中"宁静致远"这四个字,常常被挂在文人、士大夫的书房,作为座右铭。意思是,做足静字功夫,方能实现远大抱负。《增广贤文》里说:闹里求财,静里安身。静,是中国人人生修养的关键词,也是一个重要的哲学概念。

《道德经》多处强调静。如:

浊以静之徐清;

致虚极,守静笃;

夫物芸芸,各复归其根,归根曰静;

重为轻根,静为躁君;

不欲以静,天下将自定;

躁胜寒,静胜热,清静为天下正;

我无为而民自化,我好静而民自正,我无事而民自富,我无欲而民自朴;

牝常以静胜牡,以静为下。

静是优雅的,沉静最是美质。静是强悍的,以静制动。静是大气的,每临大事有静气。

我们不妨像小学生一样,用"静"来组词吧:冷静、平静、安静、宁静、寂静、沉静、幽静、恬静、娴静、镇静、清静……这些词都值得品味。

好莱坞大片《功夫熊猫2》里面,熊猫大侠正是靠着在危难时刻"静下心来",才发挥出自己的潜能,打败了敌人。这其实也反映了西方人对中国哲学的理解。

要爱惜自己的名誉

📖 文正语录

　　大节一亏，终身不得为完人矣。

《曾文正公全集》【五】书札 卷一 致江岷樵

【谷园解读】

　　这是曾国藩对一个朋友的批评，这位朋友镇守的城池被太平军攻破，他在乱军中逃生。而曾国藩认为他太糊涂了，明智的作法应当是自杀，以保全自己的名节。很多人只知道日本的武士道精神，不久前，日本地震引发的核泄漏事故责任人仍然以投海自杀来谢罪。其实这种精神出自中国的儒家。中国文化历来珍视生命，肤发受之父母而不能轻易损伤，但可以舍生取义、杀身成仁，如文天祥所说，"人生自古谁无死，留取丹心照汗青"，这就是名节。名节高于生命，自然也高于财富、官位等所有世俗的虚荣。

　　古人还讲，"士无名节，犹女不贞，虽有他美，亦不足赎"。一个人要是没有名节，就像女人不守贞洁一样，别的方面再好，也抵不了这一个污点。可悲的是，时过境迁，女人的贞洁早以成为大众娱乐狂潮里的泡沫。什么性爱视频、日本女优、二级女星，人们都习以为常，甚至追逐向往。那么，名节对人真的还这样重要吗？另外，从古人的角度，齐桓公有乱伦之罪，李世民弑兄逼宫，武则天养面首，但都不影响他们在历史上的地位与声誉。这是为什么呢？我告诉你，这是因为实力，包括今天那些色情影星，他们都太强悍了。以至于，孔子对类似的人，要讲"贞而不谅"，那些人不能用世俗的道德去衡量。

　　对于我们这些平常人来讲，那些人是没有参照价值的。很多小青年，看不清这一点，以为是赶潮流、玩出位、叛逆、摆酷，以为自己是新新人类，可以不受传统的"陈腐观念"束缚，从而去效仿他们，最终受伤害的只能是自己。

　　一个成熟的人，要认识到自己的平凡，尊重传统，要有名节的意识。当然不见得非要舍生取义，不见得奉行100年前的贞操观，但依循世俗的观念，爱惜自己的名誉，做一个善良、正直、廉洁、正派的人，这是很重要的。

　　所谓得道多助，一个有好名誉的人，通常更容易被人关爱与尊敬，也更容易以更低的成本获得更大的利益。自己的心灵也会因此而更恬静。

隐性特长不妄求人知

文正语录

君子欲有所树立，必自不妄求人知始。

《曾文正公全集》【五】书札 卷二 与张缄瓶

【谷园解读】

《论语》开篇的那一段里讲：人不知而不愠，不亦君子乎。意思是，你不被人理解，但不因此而气恼，就算得上是有修养的君子了。这也是夫子自道吧，古来圣贤皆寂寞，当年理解孔子的能有几人啊。其实，何止圣贤，几乎每一个有所追求的人，都面临这样的困惑：无人理解，无人喝彩。为此，有的人会抱怨，有的人会沮丧，有的人开始自我怀疑，这种负面的表现会让人看不起。怀才不遇这个词，现在已经成为了贬义词，因为它总是与"牢骚满腹"连在一起。

理智的做法是以理制情。我们要认识到，人与人之间做到真正的互相理解其实是很难的。而且很多情况下，别人对你的理解与认同或者赞美，仅仅能带给你虚荣心的满足，而并不能给你带来任何实惠，因此又何必为之耿耿于怀呢。

人的特长，分为显性特长与隐性特长。有个电视剧《我的兄弟叫顺溜》。顺溜是神枪手，这个特长是显性的，打得上与打不上是板上亮的事。

可很多特长是隐性的，比如文章、书法的好坏，艺术的高下，是仁者见仁智者见智的。而且大众在这方面的鉴赏力是非常糟糕的。曾国藩这句话，未尝不是因诗文、书法曾不被人知而发的感慨。这一点上，我与曾国藩一样，也喜欢文章、书法，在上面也下过大功夫，并有几分自得。嘴上不说，但心底"眼空四海"，问题是不被人知。

这时，我们要想一下《中庸》里的那句，"君子之所不可及，在人之所不见也"。还有那句大俗话，要想人前显贵，必须背后受罪。板凳要坐十年冷，继续努力再努力，出来成果，在专业的圈子里被认可后，大众自然接受。这个过程里，自己要为自己喝彩！

职场奋斗观

文正语录

敬以持躬,恕以待人。敬则小心翼翼,事无巨细皆不敢忽;恕则凡事留余地以处人,功不独居,过不推诿。常常记此二字,则长履大任,福祚无量矣。

《曾文正公全集》【五】书札 卷六 与鲍春霆

【谷园解读】

做事要较真,待人不能较真。

大家同在一家公司做事,分内之事自己要认真、谨慎、勤勤恳恳、兢兢业业地做好。与同事协作之事,对同事不能要求太高、过分苛责,有成绩时要与大家分享,不能都算在自己的头上;需要担责任的事,也不要往别人身上推。当然,也不见得要往自己的身上揽。

一个敬字,一个恕字,道理平实简单,以一个平常心坚持做好,就会有一个顺利、顺心的职场生涯。

然而,如很多职场小说所描写,很多人都在这两字上出问题。

层次低一点的问题出在敬字上,做事潜不下心,吃不了辛苦,敷衍应付,现在刚刚进入职场的"90后"和所谓的"老兵油子"们常有此问题;层次高一点的,称得上好员工,很多还是企业的中层管理人员,则在恕字上出问题,因为过于看重与同事之间的竞争关系而钩心斗角、互相倾轧、抢功邀功、文过饰非。这样可能取悦领导一时,但在公司里会逐渐孤立自己,并最终失去领导的信任。

言出必行

文正语录

今日说定之话,明日勿因小利害而变。

《曾文正公全集》【六】书札 卷十八 复李少荃

【谷园解读】

这句话里有两个重点。

一是慎言,言行一致,言出必行,以此来强化个人的威信和信誉。孔子强调做人的五种重要品质"恭、宽、信、敏、惠",提到"信,则人任焉",你有信誉,说到做到,别人才会放心的托付给你工作。我们拆开这个"信"字,左边一个"人"字,右边一个"言"字,可见这种品质的重点还是在于说话算数。

相关的成语非常多,如一言九鼎、言出必行、言行一致、听其言观其行、一言既出驷马难追、天子无戏言,等等。

"天子无戏言"出于《吕氏春秋》,所在的章节就是《重言》,专门讲慎言,里面提到一则"桐叶封弟"的小故事:

年幼的周成王与弟弟叔虞在一起玩,玩得兴头上,便从地上捡起一片桐叶,剪成象征诸侯权位的玉圭的样子送给叔虞,说:我要封你为侯。史官将此事告诉当时的摄政者周公,周公便找成王来了解情况,成王一脸茫然地说:我只是开个玩笑啊。周公讲:天子无戏言。成王只得择日封叔虞于唐,即是后来的晋国。

这一个"天子无戏言"体现的是慷慨,更多的时候则可能是专横、残忍。说杀你,就杀你,明知冤枉你了,也不会改口。事实上,很多官员正是如此做的,他极力坚持自己的错误主张,貌似很官僚、匪夷所思,其实是一种很深的权术。

第二个重点,有些人在大的利害跟前,是可以背信弃义的。人性本善,而且好虚名,谁不愿意被人看作一言九鼎的大丈夫、君子。但在大利害跟前,不得不通权达变,做出失信的事来。好人也会做坏事,究其因正在于此。所以,当有人给你承诺时,你要分析一下他将面临的利害。

面对逆境要存一分淡定与洒脱

文正语录

古人患难忧虞之际,正是德业长进之时。圣贤之所以为圣,佛家之所以成佛,所争皆在大难磨折之日。将此心放得宽,养得灵,有活泼泼之胸襟,有坦荡荡之意境,则身体虽有外感,必不至于内伤。

《曾文正公全集》【七】书札 卷三十二 复陈舫仙廉访

【谷园解读】

两千多年前,孟子便有一番彪炳千秋的高论:天将降大任于斯人也,必先苦其心志,劳其筋骨,饿其体肤,空乏其身,行拂乱其所为,所以动心忍性,增益其所不能。 困于心,衡于虑,而后作。 生于忧患而死于安乐。

就像举重运动员通过不断地举起沉重的杠铃,来提升自己举重的能力。 人经历艰难困厄、患难忧虑的磨炼,意志会更加坚强,才能会全面提升,人的心灵与事业都会上升到一个新的水平。

比如二万五千里长征,那是怎样的一番磨难啊,从最初的近二十万人,到达陕北后只剩下不足两万人。 而这经历了生死洗礼的两万人重新不断壮大,缔造了共和国。

失败乃成功之母,逆境成就人才。 不过,这里面有两个问题:一是,要总结吸取失败的经验教训,在逆境中不断寻找机会;二是,很基本的一点,身体不能被打倒,意志不能被摧毁。 身体是革命的本钱,只要身体好,留得青山在不怕没柴烧。

我们看很多人事业做得挺大,同时也面临很大的压力,最终把身体压垮,甚至英年早逝。 我有一位忘年交的朋友,当年贷了很大一笔款,难负其重,后来得了血栓,干不了了。 所以曾国藩强调圣贤佛祖在巨大压力面前,心放得实,养得灵,一方面沉着冷静应事,一方面吃得香、睡得稳、玩得痛快,存一分淡定与洒脱,这样才能迎来胜利的曙光。

对此,曾国藩还有一句话,很精炼:外境之迕,未可滞虑,置而遣之,终履夷途。

献身精神

📖 文正语录

君子之道,莫大乎以忠诚为天下倡。克己而爱人,去伪而崇拙,躬履诸艰而不责人以同患;浩然捐生,如远游之还乡而无所顾悸。

《曾文正公全集》【七】文集 卷四 湘乡昭忠祠记

【谷园解读】

我们强调人要活着,活着是王道。同时也要直面死亡,人终有一死,怎么办? 这几乎是所有宗教和哲学最根本的问题。也是每个人在确立自己的人生观时,必须思考的问题。

我十八岁时为此而困惑,恰好在《读者》上看到一篇美国科学家刘易斯·托马斯关于蚂蚁的文章。在整个地球和历史的背景下,一个人和一只蚂蚁其实没有两样,一样渺小、短暂。作为一个旁观者,我们看一下,一只蚂蚁为什么活着呢? 几乎没有意义,唯一的微小的意义,是它为蚂蚁这个物种的延续尽了可能是几十亿(蚂蚁总数)分之一的贡献。所以,生命的意义在于为自己所在群体的发展尽一分自己的力。这个群体可能是全人类、民族、国家、家族、家庭或者自己信仰的一个组织。

所以毛泽东讲,人终有一死,或重于泰山,或轻于鸿毛,为人民的利益而死,就是重于泰山,就是死得其所。这难免带一点政治说教的味道,可我相信,也是毛泽东献身革命的真情实感。这种献身精神,为古来成就大事业者所共有。这些人忠诚于正义、真理,忠诚于国家、人民,忠诚于事业,舍生取义、杀身成仁,在所不惜。文天祥"人生自古谁无死,留取丹心照汗青";谭嗣同以"我不下地狱,谁下地狱"唤醒民众。

曾国藩这段话正是强调这种精神,有此精神,才能舍己为人、坚守拙诚、克服艰难险阻,并视死如归。他极为推崇岳飞的名言:文官不爱钱,武官不怕死,不患天下不太平。称自己从投身军事以来,"久已以身许国,愿死疆场,不愿死牖下,本其素志。近年在军中办事,尽心竭力,毫无愧怍,死即瞑目,毫无悔憾"。

这貌似大道理,所谓大处着眼,小处下手,认清这个大道理,对于我们做好身边的小事,是有意义的。

有点沉重了,幽他一默吧。女人的献身精神还是少一点为好。

我是小人吗

文正语录

所谓小人者，识见小耳，度量小耳。

《曾文正公全集》【七】杂著 卷二 笔记二十七则

【谷园解读】

什么是小人？网上一查，竟然有12种解释，可惜都不如我解释得准确：不是君子的，就是小人。这貌似诡辩，因为，什么是君子，同样是一个问题。但我认为，君子、小人之谓，本就是一个模糊的概念，是一种心象，是按人的关注点而有所不同的。这里曾国藩所讲，识见小、度量小的人就是小人，还是比较深刻的。

关于小人，有两句名言，都在《论语》里。

"唯女子与小人为难养也，近之则不逊，远之则怨"。小人是这样的，你对他亲近一点，他就蹬鼻子上脸，跟你放肆；你对他疏远一点，他就失落。"君子坦荡荡，小人长戚戚"。小人总是忧心忡忡的，总是焦虑，小人的这两种表现，归根结蒂还是因为识见小、度量小，所以不能宠辱不惊、淡定从容。

事实上，我曾经对照这两个"小人"，发现都有我的影子，甚至不是影子，就是我自己，这让我很困惑自责。但经过进一步思考，就释然了。这两个"小人"，是修养层面的，而不是道德层面的。作为一个青年，意识到自己的修养还很低，还是"小人"，称不起"君子"，这不是坏事。通过学习、实践，不断提升自己的识见，进而量随识长，逐渐把修养提上来，这正是我们青年要为之努力的。

修养是一生的事业，在这个过程里，一个人的身上注定有小人与君子的两面。

不要锋芒太露

文正语录

以才自足,以能自矜,则为小人所忌,亦为君子所薄。

《曾文正公全集》【七】杂著 卷三 格言四幅书赠李芋仙

【谷园解读】

上学时特别重老乡情谊,我的一位老乡,在学校是风云人物,在团委、学生会都是头,我们都很佩服他。他临毕业时,我请他给我一点忠告什么的。于是他讲:将来你到一个地方工作,不要锋芒太露,锋芒太露对有能力的人是一种威胁,对无能的人是一种伤害。一晃十五六年过去了,此话犹在耳畔。

无论你多么真诚、多么厚道、多么为他人着想、多么低调,总会有人讨厌你,你觉得莫名其妙,百思而不得甚解,哪得罪他了呢?其实原因很简单:你比他强,甚至仅仅是你与他不同。这就很难办,比如你是姚明,另一个人则从小为身材矮小而自卑,那么你在他眼前晃来晃去,对他来讲,简直就成了一种挑衅、一种侮辱(我只是打个比方,绝无偏见)。那么你能砍下一截腿来适应他吗?社会上常有仇富的心理,也可以说明这一点,你比他强,他就恨你。

这种情况下,你再炫耀,再崭露锋芒,再亮剑,当然就是找死啊。当然就会为"君子所薄"。

对此,曾国藩还讲过,"好露而不能浑,亦天之所恶也"。把自己的尖、刺、锋芒什么的都用橡胶包上裹上吧。

做个脚踏实地人

文正语录

总须脚踏实地，克勤小物，乃可日起而有功。

《曾国藩家书》咸丰八年正月十四日与九弟国荃书

【谷园解读】

历史上最早被评价为"脚踏实地人"的是司马光。司马光的名垂青史，是靠他编写的《资治通鉴》。这本书在史学上的地位可与《史记》比肩。全书三百多万字，记载了从战国到北宋之前一千三百多年的历史，整整写了十九年。当时的皇帝支持他写这本书，把全部皇家的书拿出供他查阅，他还参阅了大量的野史、谱录、正集、别集、墓志等资料，共三千多万字。这样的工程放在今天，可能要成立一个上百人的编辑班子来做，但他全部工作只有一人。

他规定自己每天要在手卷上写一丈长，遇事未完成的第二天补齐。每天除短暂的睡眠和饮食之外，全部在查阅资料和写作，为了减少睡眠时间他设计了一个圆木做的枕头，睡觉翻身时，头就会滑落，惊醒后，就继续工作。十九年如一日。宋人笔记中记载，有人看到他当时的手稿，竟然全部用工笔正楷写就！一次，他问自己的好友邵雍：你看我是怎样一个人？邵回答：君实脚踏实地人也。

做一件事，尽量多地收集整理相关资料以确保思路的清晰、客观、合理，制订计划并兢兢业业一丝不苟地去落实，关注最底下的、最细节的，从小事做起，铢积寸累，很耐心，很勤奋，这就是脚踏实地。貌似这样是笨一点，见效慢，却可积累成伟大的事业。反之，那些貌似巧妙的、捷径的，最终将失败，或者做不大的。

实践篇

把大象关到冰箱里分几步

文正语录

大凡办一事，其中常有曲折交互之处，一处不通，则处处皆窒矣。

《曾国藩家书》同治二年八月廿三日与九弟国荃书

【谷园解读】

把大象关到冰箱里分几步？哈，三步呗，第一步把冰箱门打开，第二步把大象装进去，第三步把冰箱门关上。这个著名的小品段子包含一个道理，即凡事从纵向上讲，都分若干环节，需要按步骤、讲程序来办理。那么横向上呢？有一个说法叫，"麻雀虽小，五脏俱全"，即凡事横向上都分若干方面，相互联系，互相制约，需要统筹兼顾、全面平衡着来办理。

比如工作调动，既得按步骤程序，又涉及多个部门，至少要依次盖五、六个章才行，包括现在单位同意调出，接收单位同意调入，人事部门审批，组织部门审批，工资关系还要经过财政部门的手续，医保之类的还得经劳保部门的手续。而且每个章，都不是一个人管的，上面都有两三个婆婆，哪个不点头也不行。所以有的人办这一次调动会办一辈子。

干个小卖部，也得工商局小营业执照、卫生局办食品卫生许可证、烟草局办烟草专卖许可证，哪个证也是有若干手续。

这些并不是中国问题，哪个国家也都一样。纯市场经济下企业内部的运营也是如此，照样要办什么ISO等各种证，照样要处理好若干环节与方面的问题才能实现正常有效的运营。明规则如此，潜规则也是如此。所以我们得避免一种单极化的思维方式，不要以为处理好了某一件事，或者处理好了某一个关系，就能实现自己的想法。

送礼是必要的

文正语录

凡与人晋接周旋，若无真意，则不足以感人；然徒有真意而无文饰以将之，则真意亦无所托之以出，《礼》所称无文不行。

《曾国藩家书》咸丰八年正月十四日与九弟国荃书

【谷园解读】

我曾经分析自己的人际交往的能力。我天性比较仁义厚道，看天下人无一个不是好人，宁可人负我，我不负人，而且有几分才情，也有一点小事业，所以还是比较容易带给人好感的。事实也确是如此，包括与一些领导的关系，都还是不错的。但却止于此了。就像两棵树，彼此欣赏，却不能有进一步的发展。我所说的发展，就是从功利的角度，获取对方实在的帮助。

家人朋友都提醒，你得送礼啊，光印象好有什么用？然而我固执地认为，站在对方的角度，他除了对物质的需求之外，也应当有对精神的需求。比如操守，比如爱才的声誉。

也许我想的没有错吧。但慢慢的我还是接受了这个观念：送礼是必要的。当官不打送礼的，礼多人不怪。

当然，大多数情况下，曾国藩所讲的"真意"是主要的，送礼是辅助、是手段，目的还在于增进感情，或是表示感激和归顺。所以坊间有一个共识：要想那啥，光有钱不行，关键是有人。

曾国藩所提到的《礼》就是《礼记》这本书，是儒家经典，里面有专门章节讲，诸侯要给国君送什么礼，大夫要给诸侯送什么礼，士要给大夫送什么礼。其本义是为了规范这种人际交往的行为，但却演变为后世行贿、受贿的文化土壤，可谓思想的龙种收获现实的跳蚤。

我憷头送礼。但如曾国藩所讲，人不能总是率性而为，很多事必须勉强而为。不过，送礼最好是基于那份真意、真情，基于尊重与感激。而即便纯为功利，也要有原则、有底线、有区别、有坚守，也要有技巧。不能拍马屁拍到蹄子上。有的人说难听的就是喂不熟，不如绕开他。某地组织部长落马后交代曾与多名下属的妻子发生关系，可见世道人心沦丧之至，真禽兽也，因行贿而犯事的就更多了，这些则要引以为戒。

抱定一家

文正语录

学诗无别法，但须看一家之专集，不可读选本以汨没性灵，至要至要。

《曾国藩家书》道光二十五年三月初五日与诸弟书

【谷园解读】

学作诗没有什么窍门，就是盯住了某一位诗人的专集，把这一家体会深、研究透、烂熟于心、张口就来，就学成了。千万不要读那些选集，选的当然都是各家的精品，皆有精彩之处，让人目不暇接、眼花缭乱，这样下来，什么都了解一点，却什么精华也学不到，个人的性情、灵气也培养不出来。

不止学诗如此，学什么都是这个道理。为学之法，在于抱定一家，由专及博，庶几或可有成。用老子的话说是：少则得，多则惑，是以圣人抱一而为天下式。

我从十七岁开始学书法，开始是学隶书曹全碑，后来学宋代米芾行书，参加工作后学晋代王羲之行草，学明代宋克章草，中间也写过隶书石门颂、魏碑高贞碑，颜真卿楷书、行草，明清大家都临了不少。直到2004年，工作忙了，我发现没有那么多时间临帖了，我也成不了职业书法家。而且我发现，这样的学习方式也有问题，各书法大家各有其书写特点，不同的线条、结构很难兼顾，写起字来不仅不流畅，而且四不像。好在得此悟时，正喜欢黄庭坚（号山谷道人），买了一堆他的帖，便在其中一本的封底写上：吾于书法若求有成，今生当抱定黄山谷。之后的三四年里，不再临别的帖，只临这一家，虽然早些时只有临帖时像黄庭坚，自己写则不成样，不过现在行了，一出手，大家就知道这是学黄庭坚的。而且，凡是黄庭坚的诗文、评传，我都看了不少，对此人崇拜有加。他一生诗文书法都颇为自得，谁都不服，除了他老师苏东坡。不过，后世里他与老师齐名，在诗文方面被称"苏黄"，在书法上则是"苏黄米蔡"。他精通禅理，不与流俗，放浪形骸，白发黄花相牵挽，付与时人冷眼看。用苏东坡的话讲，他们这帮人，都是"文行皆超然，笔力有余，出语不凡"。他爱读书，自称三日不读书，就会觉得言语无味、面目可憎。这是多可爱的人啊！

古人常批局限于一家樊篱的学书者为"书奴"，我则要问，做书奴有何不好？ 郑板桥愿意做"青藤（徐文长）门下走狗"，并治了一方印。 我也请朋友刻了一方，上书：山谷堂前燕。 我愿做他梁间的燕子。

在对传统文化的学习方面，我则抱定曾国藩。 在企业管理方面，抱定松下幸之助，我公司的内部培训，全用松下。

孟子曰：予未得为孔子徒也，予私淑诸人也。 抱定一家之义尽于此。

读书要体贴到身上去

📖 文正语录

若读书不能体贴到身上去,则读书何用?虽使能文能诗,博雅自诩,亦只算得识字之牧猪奴耳!

《曾国藩家书》道光二十二年十月廿六日与诸弟书

【谷园解读】

曾国藩的意思是要学以致用,通过读书,要明理,要实实在在地提高修养,要能够做明德新民、止于至善的事业,而不是附庸风雅充充门面,不然就只相当于认识字的放猪娃。

其实,只识字而不明理的人是占着大多数的。今天从小学的根上,教育的根上,把识字与明理结合得还不够,不如古人。中国古代的童蒙读物,如《三字经》、《弟子规》、《增广贤文》,以及《四书》,都是以修身、齐家、治国的思想为主要内容的。所谓润物细无声,这些思想在学习过程中会浸润到幼小的心灵中去,这个童子功更利于终身受用。当代教育的中小学阶段缺少这些内容,成年后,很多人可能是研究生、博士生,可专业之外的书几乎不读,读书明理与这样的人似乎也无关。

读书并体贴到身上去,也就是真正的消化吸收,内化为自己的思维方式、人文情怀、内在修养,并切实地改进自己的言谈举止和待人接物、处理问题的能力。这其实真的很难。

有一次在单位的会议上,我把压抑在心里的很多话都抖落了出来。当时自嘲道:我读的书都是教我谦虚、谨慎、沉默、韬光养晦,可是我一点也没有学会,真是知易行难啊。

怎么样才能体贴到身上去呢?没练这个童子功的就要想想曾子的"日三省吾身"。对于那些你认为有必要内化到身上来的东西,要每天对照反省。这不是磨叽,重复是最好的学习方法,重复这种暗示,就会有长进。

举个例子:我很推崇的一段修身的话是"四个约定","勿妄加评论、勿妄加揣测、不受他人影响、凡事尽力而为"。每天提醒一下自己,心智就会逐渐成熟。对此,曾国藩有非常好的比喻,他说这种长进就像是种树,每天也看不出什么来,可时间长了就很粗壮高大了。

曾国藩修身手册

文正语录

课程

一、敬。整齐严肃,无时不惧。无事时心在腔子里,应事时专一不杂。清明在躬,如日之升。

二、静坐。每日不拘何时,静坐四刻,体验来复之仁心。正位凝命,如鼎之镇。

三、早起。黎明即起,醒后勿粘恋。

四、读书不二。一书未完,不看他书。东翻西阅,徒务外为人。

五、读史。丙申年购《念三史》,大人曰:"尔借钱买书,吾不惜极力为尔弥缝,尔能圈点一遍,则不负我矣。"嗣后每日圈点十叶,间断不孝。

六、谨言。刻刻留心,第一功夫。

七、养气。气藏丹田。无不可对人言之事。

八、保身。十二月奉大人手谕曰:"节劳,节欲,节饮食。"时时当作养病。

九、日知所亡。每日读书记录心得语,有求深意是徇人。

十、月无忘所能。每月作诗文数首,以验积理之多寡,养气之盛否。不可一味耽著,最易溺心丧志。

十一、作字。饭后写字半时。凡笔墨应酬,当作自己课程。凡事不待明日,愈积愈难清。

十二、夜不出门。旷功疲神,切戒切戒。

《曾文正公全集》【七】杂著 卷一 课程十二条

【谷园解读】

这算是曾国藩的修身手册。很多人少年时都自己立过规矩、订过计划,但少有能坚持一个月的吧。我们对照曾国藩一生的书信文字,可以看到,这个在他青年时的修身手册,他大致是坚持了一生的!我们把这十二条顺一遍。

一、主敬。这个"敬"字,在白话文里没有专门一个词来对应,大致是认真、严肃、专注之意。要衣着得体、形象大方，举止严肃，凡事皆小心谨慎，无事时心不能浮，有事要专心处理，要有精气神，有朝气。

二、静坐。这是儒家宋明理学强调的一种形式，其实是借鉴了佛教禅宗中的打坐，我们可以理解为，要善于闹中取静，经常地定一定神。

三、早起。

四、读书。强调了一种读书法。

五、读史。培根说读史使人明智。用现代的观点看，读史可以看做是一种"案例学习"，现在的MBA课程中重点是对案例的分析，通过对大量案例的把握，在未来实践中以有所借鉴。说得再白点，这就是中学生的"题海战术"。

六、说话谨慎。

七、养气。这个词不好理解。当年孟子说，我善养吾浩然之气。人家让他解释，其实他也没有说清。不过，有个词"理直气壮"，我们从中可以体会一下这个"气"的。

八、保健。

九、学习。要有做笔记的习惯，要思考。

十、实践。要练习，要检验自己的修炼成果，手艺不能丢。

十一、练书法。人得有个爱好，这个爱好也要当个事儿坚持。

十二、不必要的应酬能推掉就推掉。人做坏事、出问题往往是在夜晚，有的人白天是人，晚上当鬼，所以晚上老实待在家里，看看书，教教孩子，陪陪老婆，是很有益的。

攀附没什么错

文正语录

昌黎曰："善不吾与，吾强与之附；不善不吾恶，吾强与之拒。"一生之成败，皆关乎朋友之贤否，不可不慎也。

《曾国藩家书》道光二十三年正月十七日与诸弟书

【谷园解读】

昌黎就是韩愈，他本是河南人，但郡望是河北昌黎，就是他祖籍在昌黎，并且当时是望族大户，所以世称韩昌黎。古人的姓名称谓很有意思，有尊称、有谦称，除名、字之外，还有号、谥号，有称斋名、官名、爵名的，也有称籍贯、郡望、官地的等等五花八门，而且古书里很少直呼名字的，这大大增加了现代人阅读的难度。比如谭壮飞，你不知道是谁吧，其实就是谭嗣同，他的斋号为"壮飞楼"。韩愈是唐宋八大家之首，他在文章上的地位就像杜甫在诗上的地位一样，而且，千年以来，韩文是科举取士的范文。曾国藩对于文章写作的很多见解就深受韩愈的影响，如"文章最忌平沓"、"文章要有峥嵘雄快之气"、文章要经世济人等。

昌黎县实在应当把韩愈作为城市营销的一个重要资源，加以利用好才对。

"善不吾与，吾强与之附"，意思是，这个人好，有能力、有水平、有见识、有修养，但是并不喜欢我，那我应当努力争取与他交往，成为朋友。

"不善不吾恶，吾强与之拒"，意思是，这个人不好，无德、无才、无知、无耻，但是他对我不错，那我应当尽量疏远他。

近朱者赤，近墨者黑。如果你天天跟一帮官员混在一起，定然也能弄个官。如果你天天跟一帮大款混在一起，定然也会变得有钱。如果你混黑社会，早晚进监狱。朋友之间在长期的交往中，观念、思维方式、做事方式都会有互相的潜移默化的影响。据说很多同宿舍的女生生理周期都会趋向一致。夫妻之间的容貌则会越来越像。

这种无形的影响是一方面，更重要的则是有形的帮助，朋友会帮助你。

所以"与之附"就很重要，而且要"强与之附"，就是你可能爱面子，觉得在人家跟前自卑，或者根本不知道怎样去与其交流，那你也应当勉强自己、强迫自己走到对方的面前。

如果对方恰好是一个身份地位比较高的人，你这样做其实就是攀附。你要告诉自己的是：攀附没什么错。

如果对方是一位让你心仪的异性，你这样做就是追求幸福。你要告诉自己的是：多少美好的事，都是被不好意思给耽误错过的。

《智慧书》里提到，很多人有一种倾向，在朋友不得志时，愿意与其交往，给他鼓励与支持；而朋友的人生事业取得成就时，却主动与其疏远。这样做是不对的。

将军赶路不追小兔

文正语录

凡事皆贵专。

《曾国藩家书》道光二十四年正月廿六日与诸弟书

【谷园解读】

之前我写过一篇文章，认为：天下事皆成于专注。

曾国藩认为，你不盯住一个老师，就学不来真东西；交友太滥，就不会有知己；为学事业要是已经有所专宗了，然后涉猎些相关的方面，这也不错，但要是没有自己的专长，见异思迁，今天弄这个，明天弄那个，就完蛋了。

我从17岁学书法，27岁之前，颜柳欧赵、苏黄米蔡什么都临，什么都写，费劲不小，但下笔无一定之规，写出来四不象。近几年则专攻黄山谷，才得以有明显长进。这是专注的好处。

从做企业的角度，每个企业，不论大小，都有过多元化的冲动。小到我们公司这样的程度，也出过这样的问题。我们主要运营模具网，在模具行业里，有了一定影响。然后我们为了进一步利用好网站所形成的外部效应，就决定做模具培训和经销模具企业都要用到的数控刀具。最终失败了，才发现我们真正的优势是做互联网。即便是做网络这一块，我们也曾同时运营平面设计网、中医网等网站，后来也都关掉了，只保留了一两个真正有影响的网站。

美国通用公司前总裁杰克·韦尔奇自传里，他自己比较得意的是，曾大幅砍掉通用的那些在相关领域做不到数一数二的业务。

我们当地有一位著名的企业家，关于企业的专注，讲过一句话：将军赶路不追小兔。小兔是什么？就是那些短期的、无足轻重的利益、诱惑。

我们要清楚自己的方向，明白什么是自己的强项，什么是自己真正想要的，专注于此，心无旁骛，不要开小差，不要为小兔子浪费时间与精力。这样才可成事。

该出手时就出手

文正语录

凡仁心之发,必一鼓作气,尽吾力之所能为,稍有转念,则疑心生,私心亦生。

《曾国藩家书》道光二十四年三月初十日与国华国荃书

【谷园解读】

想到一个好主意,或者有了一个好的念头,那就乘着这股心气努力去做。《论语》中记载:季文子三思而后行,孔子闻之,曰:再思可矣。孔子的意思是不用想那么多,一反一正想两遍就可以了,该出手时就出手吧。

想得太多,前怕狼后怕虎,瞻前顾后,犹豫不决,夜里想出千条路,明早依然卖豆腐,最终什么事也做不成。

当断则断,世间哪有百分百有把握的事啊。《傅雷家书》里就讲,不能等到条件完全具备了才去做,那样就晚了。有百分之七十的条件成熟,就可以了。

《史记》里记载,当年秦始皇死在出巡的路上,赵高劝胡亥设计夺取皇位,说"狐疑犹豫,后必有悔。断而敢行,鬼神避之,后有成功"。这话很经典啊!我有个同学,要买一个厂房,这笔投资对他来讲颇有巴蛇吞象的意味,但机会难得。我便引用了这句话来激励他,最终就做成了。前几天,我们一起吃饭闲聊,他则把赵高的话完全吸收消化成自己的了,他说:当你对一项投资犹豫不决时,做还是不做呢?你应当大胆地做!

什么也架不住天天干

文正语录

步步前行，日日不止，自有到期，不必计算远近而徒长吁短叹也。

《曾国藩家书》道光二十七年二月十二日与诸弟书

【谷园解读】

我们上初中时，汪国真正火。真是时代造就人，汪国真赶上了那个人们还看诗的年代的尾巴。他说，没有比脚更长的路，没有比人更高的山。坚持走下去，终会到达路的尽头；坚持攀登，终会站到山顶，不就比山更高了吗。

小时候跟父母一起干农活，开干之前，我常常会被活吓倒，那么大堆玉米棒子，数不清，什么时候能剥（把玉米苞去掉）完啊。这时，妈妈常说的一句话是：眼是怂种，手是好汉！眼一看这么多活就气馁、就怂了，可动手干去，其实也没那么费劲，时间不长，上千个棒子也就剥完了。

当我打算写这本书时，一想要写200来篇文章，10多万字，也是有几分憷头，可一晃现在也写了快一半了。

当然，有的事是定量的，天天做总会做完。有的事则是定性的，永远也不做完，没有最好，只有更好。比如修养，比如艺术，比如枪法，比如打字速度。这种事，不断的重复练习是最有效的方法。曾国藩还讲过，"但行之有恒，自如种树畜养，日见其大而不觉耳"。你只要天天做，就像种树或者养的什么小动物一样，你自己天天瞅着可能觉不出什么来，而实际它在一天天的生长。我练书法十几年，对此深有体会，平时也看不出什么进步来，可偶尔对照上一年的作品，就会很高兴，其实进步还是蛮大的。

人情要命

文正语录

若非道义可得者，则不可轻易受此。

《曾国藩家书》道光三十年正月初九日与诸弟书

【谷园解读】

为什么呢？因为"受非分之情，恐办非分之事"。印象中有一个故事，一位壮士得到一份厚礼，拿到老母亲跟前，结果老母亲大怒：他给你么重的礼，是想要你的命的！我忘记了这个故事的出处，原以为是《史记·刺客列传》里的，可刚才又认真看了一遍，却没有这个情节。不过意思都是差不多的，专诸、豫让、聂政、荆轲，这些刺客有的刺杀成功，有的失败，但有两个显著的共同点：一是，都在刺杀行动之后被杀。二是，在刺杀之前都"受非分之情"，都以为自己的行为是"士为知己者死"。

吴王阖闾，也叫公子光，他对专诸是"善待之"，并承诺"光之身，子之身"，意思就是，你老娘就是我老娘，你孩子就是我孩子，你就放心吧。

豫让临死时说，智伯"以国士待我，故以国士报之"。

严仲子则"奉黄金百镒，前为聂政母寿"。

燕太子丹更是"尊荆轲为上卿，舍上舍，太子日造门下，供太牢具，异物间进，车骑美女恣荆轲所欲，以顺适其意"。

吃人家的嘴软，拿人家的手短，投桃报李，不欠人情，这是人性的优点也是弱点。有的人情是没法还的，要还可能把命搭上，也可能把前程毁了。最明智的做法是不受。

让孩子多干活

文正语录

子侄除读书外,教之扫屋、抹桌凳、收粪、锄草,是极好之事,切不可以为有损架子而不为也。

《曾国藩家书》咸丰四年八月十一日与诸弟书

【谷园解读】

曾国藩的小女儿纪芬记述当年父亲给他们兄妹安排劳动任务,什么炒菜做饭、刷锅洗碗、绣花织布、收拾打扫都一项项列出来,上午做什么、下午做什么、晚上做什么,什么时候检查、什么时候考核,也都有细致严格的要求,俨然军事化管理。

我们小时候干这些活,不用父母要求,几乎是自发的。那时自来水只通到院子里,而且是隔几天供一次,接水是我和妹妹的活,妹妹那时5岁,接好一小桶水,拎到屋里,然后踩着板凳把水倒到缸里,要几十桶才能满。我七八岁就在麦场里干活,九岁就牓牲口(用牲口干播种等农活时,后面大人扶持农具,我在前面牵着),一天走十几亩地。大家都觉得这非常正常,因为十来岁的小子,可以在生产队里顶半个劳动力挣工分的。

我认为少年时的劳动是非常有益的,因此格外忧虑自己的孩子没有经历这些会有所欠缺。我的孩子五六岁时,我让她自己乘公交车去几公里外的奶奶家,上一年级时让她自己步行上学,吃饭时给大人盛饭,饭后洗碗。这里面有几个点:一是放心不放心?当然也不放心,但成长就是有风险的,儿孙自有儿孙福,得让她有成就感。二是能不能坚持?我的孩子至少把给父母盛饭作为自己分内之事了,有时她犯懒,你碗空着,她装看不见,我并不以为意。三是这样的好处是什么?好处应当是多方面的,既培养了她的责任意识,又开发智力、提高能力。

恩格斯说,劳动使猿进化成人。在劳动中孩子可以获得成长。

佛家说,担水劈柴俱是坐禅。让孩子多干活是家庭教育的重要方面。

好记性不如烂笔头

文正语录

文人不可无手抄夹带小本。

《曾国藩家书》咸丰九年五月初四日与纪泽书

【谷园解读】

曾国藩家书里有很多谈学习方法的内容。比如他讲学书法,初期宜用"摹"的方式,就是描红,把比较透明而且不渗墨的油纸覆在字帖上描摹着写。我注意到现在书店里卖的硬笔书法的练字本就是这种形式的,可见这种方法颇实用。

这里所讲的手抄夹带小本,其实就是笔记本,古代没有专门的这个东西。曾国藩讲写文章离不开这么个小本,读到好词好句要随时分门别类的记下来,有好的思路灵感要立即记下来。据说韩愈等大家,都有此习惯,"记事提要、纂言钩玄,亦系分类手抄小册也"。有一位叫阮元的大学者,他主持科举考试时,看到考生携带这样的"小抄",他会收上去翻阅一番,如果感觉确是考生用了心的,条理清晰、辞彩焕然的,就可带入考场。

当然也有天才不必如此,比如苏东坡,他做过一段类似给皇帝写材料的秘书工作。他的继任者洪先生文采也极好,自我感觉不错,一次洪先生问之前侍候东坡的老仆,自己跟东坡比谁的文章强。老仆说,差不多吧,只是苏学士不翻书。可见东坡之博闻强记。

我写文章也是不翻书不行,很多东西,只是有个大致的印象,记着哪本书、哪段文章,写东西要用到时,先网上搜一下,比如这段东坡的轶事,我记得就是《齐东野语》里的,结果一下就找到了原文。古人实在无此便利。当然也有很多东西网上没有,必须翻书,那么此前读书时做的批注与折页标记就可以帮我比较快地找到出处。

做事业的人,做企业的、做官的,其实大多数人都有此习惯。千头万绪的事,有的可能放手就忘记,必须随手记下。曾国藩强调手勤、手到,其重点就是随手做笔记。据我所知,只有前国务院副总理钱其琛无此习惯,他早年做地下党,凡事全凭脑子记,一个纸片都不留。

我上学时有一个极牛的老师,他的口头禅就是这句:好记性不如烂笔头。

应对危机

文正语录

军事变幻无常，每当危疑震撼之际，愈当澄心定虑，不可发之太骤。

《曾国藩家书》咸丰六年十一月初七日与九弟国荃书

【谷园解读】

危险灾难来临之际，要提醒自己冷静，哪怕只有一秒钟，要脑子飞转，想一个大致的处理方案。不能本能地东跑西撞，乱了方寸，要每临大事有静气。这些话，随口说说自然容易，真把我放在那，可能比谁都慌乱。真正有用的，还是在危难来临之前，有一个大致的预案。

即便一个平常人，活着一辈子也总要经历个七灾八难的。比如地震、洪水、台风等自然灾害，火灾、车祸、溺水、触电、盗抢等危险，还有各类事业、情感方面的危机。一生平安，只是美好的祝愿，危险来临之际处理得当才是保障，这就需要居安思危，有学习、有演习、有预案。

汶川地震时，一位小学校长成功疏散学生，无一人伤亡，被网友称为"史上最牛校长"。靠的就是他们之前的地震演习，而且我相信演习时定然收获不少"聪明人"的嘲讽吧。晴天白日，云淡风轻，哪来什么地震，真是神经病啊。这些人应当学习一下"墨菲定律"：可能出问题的地方，早晚会出问题！日本人在这方面是值得我们学习的，他们不但经常做这样的演习，而且在临时避难区里储备若干水和食物。

很多的灾难与事故里死掉的人，其实是死于无知，死于当时处理方式的错误。

曾国藩还说：凡善弈者，每于棋危劫急之时，一面自救，一面破敌，往往因病成妍，转败为攻，善用兵者亦然。

意思就是，危中有机，对危机要一面应对，一面发现和把握机会，做到转败为胜。机会无时无处不在，具有这种积极心态的人，是打不倒的。

什么叫老练

📖 文正语录

打仗不慌不忙，先求稳当，次求变化；办事无声无息，既要精到，又要简捷。

《曾国藩家书》咸丰八年正月初四日与九弟国荃书

【谷园解读】

什么叫老练？这就是。曾国藩的这段话描述了一种极为老练的做事风格：一是稳，二是隐。

"稳"字，曾国藩讲过很多，比如：

事以急败，思因缓得。

稳当从容，可当大事。

不慌不忙，盈科后进。

盈科后进，这个词出自《孟子》，意思是，水流遇到坑洼，要灌满它后，才继续前流。比喻做人做事踏踏实实，顺乎自然，一步一脚印。我们百度一下，会发现很多企业都取"盈科"为名，包括李嘉诚的儿子开的上市公司"电讯盈科"。

办事无声无息，其实就是一个"隐"字，有隐蔽、隐藏、低调之意，这是有普遍意义的。

我们说到顶尖的高手是神龙见首不见尾的，中国人对龙的崇拜正是由于龙的变化不测、神秘。高手常常是在幕后的，猎手静静地隐藏在角落里。高手也许就在你身边，在你不经意间，他便做成了你想做却没有做成的事。事实上，当我们把自己在做的事告诉别人时，很少是因为需要对方的指导与帮助，而是炫耀、渴望赞美。然而，你得到的赞美未必是真诚的，你在做的事则可能很快便遇到了意外的阻力。当然有时你是真的想请教对方，或者给对方以启发，但应当掂量好对方的为人。

另外，"精到"与"简捷"则强调做事的创新性和可操作性。对于企业来讲，最重要的是"赢利模式"，尤其强调这两点。比如肯德基，就那几样饭，可谓简捷；同时又极标准化、品质极佳，可谓精到。

得跟自己较劲

文正语录

强毅之气决不可无。

《曾国藩家书》咸丰八年正月初四日与九弟国荃书

【谷园解读】

这个强毅之气,指的是老子所说的"自胜者强",即自我控制的能力。人的天性中有很多负面的东西,即人性的弱点,比如好逸恶劳、自私、虚荣、春困秋乏夏打盹儿、睡不醒的冬仨月、好色、贪、嗔、痴、慢、疑。所谓人性,定然是人的本能中的,与生俱来的,伴你一生的,从一个方面讲,也许正是基于这些,才有了各种各样的发明创造,人类才有了发展。当然,这对于个人的发展也有它们的意义。

不过,要控制它们。早上起不来,要强迫自己起来。体重超标了,要强迫自己少吃多动。做事情坚持不下来时,要强迫自己坚持。怒火起来了,要强迫自己不要发作。力气小,要强迫自己进行力量方面的体育锻炼。吃不得苦,要强迫自己去体验一番。与同事不投机,要强迫自己舍己从人,与之打成一片。曾国藩甚至讲,身体孱弱也不必过于爱惜,应当强打精神做事,"精神愈用则愈出,阳气愈提则愈盛"。他在日记中还写了戒烟的感受,"自戒烟以来,心神彷徨,几若无主。遏欲之难,类如此矣!不挟破釜沉舟之势,讵有济哉?"不愧是"湖南骡子"(金庸称湖南人之倔强),有这股子决心劲头,哪还有做不到的事啊。

书法讲究逆锋,毛笔的锋颖与宣纸得较上一点劲,这样才能力透纸背,才有劲道,书法的功力主要体现在这一点上。做人也是如此,功可强成,名可强立,你得跟自己较那么一点劲,强迫着自己不断完善与提高,时间久了,你就能具备这种强毅之气,很多之前做不到的事或做得别扭的事也能习惯成自然,从而达到一个更高的境界。

这很酷,很有魅力!对于青年尤其重要。

歇会儿再干

文正语录

一经焦躁，则心绪少佳，办事不能妥善。总宜平心静气，稳稳办去。

《曾国藩家书》咸丰八年五月初六日与九弟国荃书

【谷园解读】

曾国藩讲过为官要耐烦，当官的职责就是解决问题，永远都会有问题、麻烦等着你来处理，烦不得，也急不得，心绪一乱，反而事情更加办不好，欲速则不达。

经营企业也是如此，资金、人员管理、采购、产品开发、销售、税务工商……千头万绪，剪不断，理还乱。我同学开一家工厂，常无奈地说，工厂里的很多事，能放手员工管的授权他们管，你要事事自己去管就得烦死。

怎样做到平心静气呢？首先就得强化认识：事做不完，钱也挣不完，饭得一口一口吃，急功近利并不好；二是索性放一放，如果人们都一刻不放松，天天跟工作死嗑，那么多休闲娱乐场所不都得黄了；三是学会授权，很多事未必只能自己做的。

总之，歇会儿再干，慢慢来。

想起一个段子：

有人问某领导：您最喜欢做的事情是什么？

答：干事。

问：那有没有其他喜欢做的事情呢？

答：歇会儿再干。

为工作烦的时候，就想想这个段子吧。

读书四法

文正语录

读书之法,看、读、写、作,四者每日不可缺一。

《曾国藩家书》咸丰八年七月廿一日与纪泽书

【谷园解读】

我们提倡终生学习,活到老、学到老。学习的方式很多,社会是大学、三人行有我师、实践出真知,当然更少不得读书。读书要讲究方法,曾国藩认为要看、读、写、作相结合。

看,就是浏览、翻阅。平时我们所讲的读书,其实多指看书,即浏览。看书应当杂一点,要多,要快,争取对各方面的知识学问都有一个大致的了解。看书不受时间、空间的限制,随时可看,古人所谓"马上、枕上、厕上"都是看书好地方。

读,就是要朗读。对于四书五经和经典的诗文要反复朗读,一是体会其声调与气势,曾国藩的"八本"里有一条:作诗文以声调为本。二是加深记忆。学生时代琅琅读书声,特别是小学生的摇头晃脑,真是非常可爱。可成年后的读书则极少出声了,这里有误区。

写,就是要做笔记,写眉批,抄录好词好句。这也是加深记忆的好方法,我们看毛泽东读书便喜欢做眉批,这其实是与书的对话,自然也会提升读书的热情,让大脑更兴奋,获益更多。

作,就是写作。学以致用。古人读书一个重要的目的就是写作,就是为了能写出好文章,以应科举,以载道,以传于后世。写作的过程是融汇所读之书,调和各种思想、知识、见闻、情感的过程。写作对读书是一个检验,什么没记住、什么没了解、什么不擅长等问题,在其中都会发现,从而使以后的读书更加有的放矢。

家人之间不说狠话

文正语录

家庭不可说利害话,此言精当之至,足抵万金。

《曾国藩家书》咸丰八年十二月十六日与诸弟书

【谷园解读】

俗话说"良言一句三冬暖,恶语伤人六月寒"。什么叫"利害话"?就是狠话。夫妻之间过日子吵架是正常的,吵起来什么难听说什么。但,床头吵架床尾合,发泄一通、消消气可能既有利于身体健康,又有利于婚姻的长治久安。所谓不打不到头,就是这个意思。不过,有一个底线、一个禁忌,有一词不要说,就是"离婚"。我跟老婆都是脾气如烈火,结婚头几年吵架是家常便饭,用单田芳的话讲是"文斗武斗都有"。有一次吵架后,我们中的某个人说出了这两个字,不论是说的,还是听的,瞬间心都碎了,有一种被摧毁的感觉。不过,关键时刻,作为男人、丈夫、父亲,必须能把这种危机扛过去。

明代吕坤在《呻吟语》中同样提到,"慎言之地,惟家庭为要;应慎言之人,惟妻子、仆隶为要。此理乱之原而祸福之本也。人往往忽之,悲夫!"这话极中肯,在外人跟前,人们都有一定的戒备心,会经常地自我提醒,要慎言。可到了家里则不同,这里是港湾,可以卸下一切心灵的包袱,摘下面具,说话就非常地随意,忽视了慎言的意义,有时就会酿成悲剧。十几年前,我的一位同学,有点游手好闲,有一次向他妈妈要钱。结果被大骂了一通,"你挺大小伙子,还跟你丫(方言妈妈之意)来要钱,还有一分囊气吗?还活个什么意思?!"结果我这位同学心眼小,真就喝农药自杀了。

其实,如果这话是个外人讲的,也不会有这么强烈的刺激,反而是最亲爱的人讲出来,最难以接受。正如一个歌名"我爱的人伤我最深"。

享受读书的乐趣

文正语录

尔不必求记,却宜求个明白。

《曾国藩家书》咸丰九年六月十四日与纪泽书

【谷园解读】

一目十行、过目不忘的人世间少有。多数人,都面临一个问题:读过的书记不住。特别是一些杂志上的文章,比如《读者》之类的,看过几十本,看时感觉很好,放下便忘。人若再上些年纪,这个问题就更明显。我父亲就说,有几本书,隔一段时间拿出来看时,好像还是新的跟没看过的一样。

曾国藩也是凡人,我没见谁对他有"博闻强记"之类的评价,他应当比我们强不了多少。对此,他的观点是,能看明白,品出点滋味来,愉悦身心,这样的读书就是很不错的了,记得记不得顺其自然。而且他还认为,"读书不求强记,亦养身之道"。确实,读书时,要是绷着一根弦,非要记住多少,那样非但读书的乐趣没有了,而且会非常疲惫。

我们为什么读书呢?有那么一两年,我认为,读书就是为了"进德修业",即提高修养、增长才识。而且要讲究大本大源,读书要成系统,成体系,有专精。本着这种功利心读书,收益还是很明显的。不过,时间长了,就觉得情思日渐枯萎,都是过分理性的东西,把自己给弄干巴了。这才发现,读书就像吃饭,肉、蛋、奶、海鲜、蔬菜、水果,都搭配着,才能营养均衡。功利的收益只是副产品,享受读书的乐趣才是最重要的。

善待亲朋

文正语录

昔吾祖星冈公，最讲治家之法，第一早起，第二打扫洁净，第三诚修祭祀，第四善待亲族邻里。凡亲族邻里来家，无不恭敬款接，有急必周济之，有讼必排解之，有喜必庆贺之，有疾必问，有丧必吊。

《曾国藩家书》咸丰十年闰三月初四日与纪泽书

【谷园解读】

这里有几个问题。一是曾国藩对这种生活态度的认可。二是星冈公的家法与《朱子治家格言》等传统治家思想的契合。三是善待亲族邻里这一条尤其可为我们借鉴。怎样混得好人缘，落得好口碑。这里写得很细致，要善待你周围的人，包括你亲戚、老乡、发小、朋友、同事、邻居。怎么善待呢？村里的同学来城里办事，给你打了个电话，那你一定要留他吃饭，找个与你经济实力相当的饭店，点几个菜。遇亲朋急用钱的，或者经济条件差的，能借的就借一些，不能借的就给一点，那么多人往索马里捐钱，往汶川捐钱，自己的身边沾亲带故的，更不应当犹豫。他家闹离婚，这时，不论什么原因，只要是说得着的，就应当去劝劝合，红白喜丧不见得随多少份子，最好是到场，当面道贺或安慰。住院了，也要带上束花什么的去看望一下。

其实，我们应当有体会的，各自奔忙，即使关系不错的朋友，见面也要感慨上次见面时可能是几个月前了。所以对于这次见面，对于各自生活中的改变，都要认真对待，及时适度地表达自己的善意与关爱。

有些人一心往上走，冷落了身边人，叶落归根时，自然凄凉。死了没人抬的事，在乡间时有发生。这样的人要警醒。

传统好农家

文正语录

前述祖父之德,以"书、蔬、鱼、猪、早、扫、考、宝"八字教弟,若不能尽行,但能行一早字,则家中子弟有所取法,是厚望也。

《曾国藩家书》咸丰十年四月十四日与四弟国潢书

【谷园解读】

这个八字诀是曾国藩从他祖父曾玉屏治家思想中提炼出来的。书是读书,蔬是种菜,鱼是养鱼,猪是养猪,早是早起,扫是打扫,考是祭奠先人,宝这个词出于曾老爷子所言"人待人,无价之宝",引申为善待亲族邻里。

我是农村出来的孩子,这几样都有亲身感受。先说读书,我不知道国外怎样,中国底层人民几千年来有一个共识:读书改变命运。一家人节衣缩食供一个苗子读书,以求未来改变其个人乃至家庭的命运。这种情况于今天不但没有被时代湮没,反而更加走向极端,甚至一些少不更事的孩子因承载不了这种压力而自杀。记得我上初中时,有老师问我的理想,我说:我要考中专,进城当工人。那时,我们"当工人"就是指非农业,不用种地。所以第一条:必须读书。

种菜,我们当地主要是种大白菜,我的年龄赶上了生产队集体制的末尾,与此有关的美好记忆是浇菜地——两位社员站在高处的地沿,各执绳子抡起中间一个草编的盆到低处的沟里打水。后来的记忆则是家里的小菜园,丝瓜、豆角、南瓜、葱、韭菜、葡萄、枣树。少年时,体会不到"雨夜剪春韭"的诗意,但也是快乐之源!

鱼没有养过,但我家三面环水,弄鱼也是最常做、最快乐的事。我说"弄鱼"并不是充文雅,而是方言如此,一切抓鱼、捕鱼、摸鱼、钓鱼统称"弄鱼"。我爸爸弄鱼主要是用盖网拉。我们弄鱼主要是钓,我们的钓鱼工具分两种:一是罐头瓶,二是自己做的小网,倒是一般理解的钓鱼钩我们从来没有用过。现在我从事互联网工作,天天上网。可"上网"这个词几乎每每让我回想起童年时光里上渔网的喜悦。

猪就不用讲了,我是回族,忌讳这种牲畜。我家是养羊和牛,也养鸡鸭。放牛、放羊、打草、下羊羔、受惊的牛车、兽医、掏鸡窝、捡鸭蛋。

那么多的童年往事，其中渗透着父母克勤克俭的点点滴滴。

早起对农民是非常重要的。我小时候每天早上睡醒时，父母已经从田里回来了。赶上麦收时节，孩子们与大人一起下地，要凌晨三四点钟起床，可当我们开着拖拉机到了洼里，已经有人家拉了麦子往回来了，真是莫道君行早，更有早行人。另外，在曾国藩的年代里，农家点灯还是比较奢侈之事，早起也是为了尽量争取多一点白天的时间，多做一些事。今天我们从事其他的工作，凡事早一点，也有好处，坐地铁可以不太拥挤，开车不会堵车。从中医的理论讲，清晨阳气初生，早起活动有利养生。

清扫。农村形容人勤快会说这人"撂下耙子，就是扫帚"。《治家格言》第一句也是"黎明即起，洒扫庭院"。干净整洁既有利于健康卫生，又能赢得邻里的尊敬。

祭奠先人。曾国藩的先人曾子讲"慎终追远，民德归厚矣"。其实就是强调祭奠先人的意义。我们回族在先人的忌日和几个民族节日时要请阿訇上坟。在以十为单位的大周年还要"请师傅"，就是家族的人聚在一起，请阿訇举行纪念的仪式，还要"炸油香"（一种类似油饼的面食）分送亲戚邻里。这种活动无疑会强化家族观念、增进族人之间的感情。

善待亲族邻里。这是一个家庭以好的形象立世的根本，同时，有道是"行下春风好下雨"，平时好事做在前由，急难时刻亲族邻里才会帮助你。

这就是一个传统的好农家所具有的特点。写下以上文字，伴着我美好的童年回忆，对照我的家庭，几乎一条不差。父亲在村子里有一定威望，做了十二年村长；母亲勤俭持家；妹妹考上了南开大学的研究生；我在同龄人中也算是被人认可的。

用什么样的人

文正语录

余观人之法,以有操守而无官气,多条理而少大言为主。尤以习劳苦为办事之本。引用一班能耐劳苦之正人,日久自有大效。

《曾国藩家书》咸丰十年七月初八日与国荃国葆书

【谷园解读】

什么是官气? 曾国藩是这样讲的,"好讲资格,好做样子,办事无惊世骇俗之象,言语无此妨彼碍之弊。其失也,奄奄无气,凡遇一事,但凭书办家人之口说出,凭文书写出,不能身到、心到、口到、眼到,尤不能苦下身段,去事上体察一番"。 用今天的话讲,就是官场习气,做什么事都论资排辈,好讲排场,处事圆滑,小心谨慎,没有朝气,不敢创新,只做表面文章,而不深入实际。

"有操守而无官气,多条理而少大言",就是讲原则、务实、思维缜密、低调,不说大话、不巧言令色,这是曾国藩看重的品质。 他曾对弟弟讲:无官气,有条理,守此行之,虽至封疆不可改也。 因为成就事业任重道远,需要长期地、艰苦地付出精力、体力,并且常常是无人喝彩,非这样的人,不能坚持做,也不能做好。 反过来讲,如果手底下带着这样的一个团队,成就事业则是早晚的事。 然而,现实生活中我们看,一些机关里的小科员,一不留神做到了干部序列中最低的科级干部,在下属跟前架子就拿得跟中央首长似的,讲话官话套话连篇,在上司面前则极尽阿谀之能事,比和珅还和珅。 先不要说他有才没才,以此虚伪之德器,如何担当任事啊。

日本的稻盛和夫一生创立两家世界 500 强企业,他写的《活法》里提到:"我之所以并不器重才子,是因为才子往往倾向于对今日等闲视之,不由得厌恶像乌龟那样缓慢地度过一天,希望像脱兔似地走捷径。 众多优秀且聪明的人才进入了京瓷公司,也正是这些人才,以为公司没有前途而辞职。 所以留下来的都是不太聪明、平凡的、无跳槽才能的愚钝的人才。 但是,这些愚钝的人才在 10 年、20 年后都晋升为各部门的干部或领导。 那么究竟是什么使像他们这样平凡的人成了非凡的人才呢? 是孜孜不倦、默默努力的力量,亦即脚踏实地度过每一天的力量,是坚持积累每一天的力量"。

明代的《呻吟语》里讲：深沉厚重，是第一等资质；磊落豪雄，是第二等资质；聪明才辩，是第三等资质。

上述这些，用人者当有所借鉴，我们自己也要有所反思。

清除害群之马

文正语录

爱禾者必去稗，爱贤者必去邪，爱民必去害民之吏，治军必去蠹军之将，一定之理也。

《曾国藩家书》咸丰十年七月廿三日与国荃国葆书

【谷园解读】

很多人学的第一首唐诗就是《锄禾》。锄禾我们这里叫锄地，是庄稼人干得最多的活，就是除去田里的稗草等杂草。不然，杂草会抢占土壤里的水分与养料，而且杂草一般比庄稼的生命力更强、生长得更快，最后就会"草盛豆苗稀"。

一条臭鱼搅得满锅腥，一粒老鼠屎坏了一锅汤。奸邪之徒、害民之吏、蠹军之将的第一个危害，是对所在群体整体形象、整体声誉的损害。

第二个危害是它具有传染性。比如一个烂桃很快会把一筐桃都印（沧州方言，浸染的意思）烂了。俗话说，近朱者赤，近墨者黑，挨着什么印什么。而且，人的天性是学好三年，学坏三天。一坏一好互相一印，之后就成二坏，不会变成二好。

第三个危害是对这个群体、组织共有的价值观和行为规范形成一种挑战、动摇、破坏。这个人可能并不坏，他只是与大家不同，这也不行！

《庄子》里有一个故事：黄帝向一个放马的小孩问路，见小孩很聪明，便随口问他，怎样治理天下？小孩说，这跟放马是一回事，把害群之马清理出去就可以了。

多给别人戴高帽

文正语录

无论中国外国之人，无不好恭维者。

《曾国藩家书》咸丰十一年四月廿八日与九弟国荃书

【谷园解读】

曾国藩的门生俞樾是清末的大学者，他写过一个小故事，讲人"无不好恭维者"，非常有趣，大意是：

有个在部委的官要到地方上去任职，临行前去跟他的老领导道别。老领导说："地方上官不好干啊，凡事要谨慎。"这哥们则毫不含糊地讲："老领导您就放心吧，我现在手里有一百顶高帽，逢人就送他一顶，肯定到哪都和谐。"老领导把脸一沉："为人处世还是要实实在在的，要真诚，不要整这些虚飘的。"这哥们立即有所悔悟，不好意思地讲："老领导，还是您看得深、看得实，现在像您这样有操守，不拿所谓高帽当回事的人能有几个啊？"老领导脸上立即又有了笑容，温和地说："小子，你的话也是有些道理啊。"这哥们心中窃笑：哈，这一百顶高帽现在剩九十九顶了。

历史上除了文革时期，戴高帽是被打倒、被游街的行头，任何时代的人可能都喜欢戴高帽。

当年苏东坡给自己设计了一种很高的帽子天天带着，他的名人效应使这种高帽成为一种流行时尚，全国的文人士大夫都争相戴高帽，似乎如此便"有文化"了。时间久了，可能就出了"戴高帽"的说法。可遗憾的是，这个时尚没有被文人继承，反而被厨师继承了。

该狠时要狠

文正语录

不可假仁慈而误大事。

《曾国藩家书》咸丰十一年五月十八日与九弟国荃书

【谷园解读】

不要误会,这里的"假仁慈"不是说假仁假义,而是"因为仁慈"的意思。历史上因仁慈而误大事的最有名的故事就是鸿门宴,霸王项羽本意就是要在宴席间杀掉刘邦,而且一切条件均已具备了,却犯了妇人之仁没有下手,最后落得自刎乌江的下场。

儒家的核心思想是仁爱。但仁爱真那么重要吗,仁爱能当饭吃吗?

韩非子是用一个小寓言故事来回答这个问题的,他说:两个小孩玩泥巴,做了一些点心之类好吃的东西。这时,大一点的孩子饿了,说要回家吃饭。小一点的孩子就说,我们做了这么多好吃的,你吃好了。大孩子说,这些东西玩玩可以,不能当真的。韩非子以此来讲,仁义道德只能玩玩而已,作为法家的鼻祖如此立论实在是够狠。然而事实是,两千年来的中国政治文化正是有着"外儒内法"的特点,披着儒家仁慈的外衣行着法家狠厉的手段,世俗的文化中也承认"量小非君子,无毒不丈夫"。唐太宗李世民作为一代明君,却是靠杀死长兄、逼父退位夺取的皇权。

曾国藩兄弟同样以心狠手辣而著称,曾国藩深信治乱世须用猛药重典,在处理社会治安方面量刑极重,动辄杀头,被老百姓称为"曾剃头"。他弟弟曾国荃是带兵攻克南京的第一功臣,传说他把投降的几万太平军分成若干小组,依次以领取遣返费的名义骗到一个院落里,来一拨杀一拨,全部杀光。杀人太多了,心里也发虚,后来朋友送了一副对联安慰他:用霹雳手段,显菩萨心肠。意思是你的手段是恶的,但动机是善的。

此文开头提到"妇人之仁",今天刚看了《史记·吕后本纪》,领略了一番:青竹蛇儿口,黄蜂尾后针,二者皆不毒,最毒妇人心。有时女人的狠毒是格外骇人的,要小心。

什么也不做

📖 文正语录

办大事者，以多选替手为第一义。满意之选不可得，姑节取其次，以待徐徐教育可也。

《曾国藩家书》同治元年四月十二日与九弟国荃书

【谷园解读】

世界首富比尔·盖茨特别推崇世界第二富巴菲特的一句名言：除了阅读和思考，什么也不做。 确实，巴菲特也好、盖茨也好，他们最大价值在于他的思考与智慧。 你让他去与政府或者客户周旋，或者其他的工作，他们的价值是体现不出来的。 所以比尔盖茨在其公司内的主要工作仍然是在软件研发上面。 但是，据说现在巴菲特面临一个难题，就是谁给他接班，接手巴菲特来管理旗下上千亿美元的资产。 事实上，巴菲特这样巨大的成就是有其特殊性的，他的公司如此伟大，而工作人员不过几十人。 很大程度上，是他一个人在工作，别人只是他的工具。 然而对于多数成就大事业的人来讲，在除了阅读和思考之外，还必须要做一件事，就是选人，要组织一个强有力的领导班子，或者至少要选一个强有力的替手。 这套班子把你在阅读和思考之外的事全办了，你才可以什么都不必做。

我们当地一家企业在全国连锁零售行业颇有名气，董事长为之自豪的是，公司在各地建设数万平方米营业面积的分店时，从选址到运营，都不用他来签一个字就办好了。

汉高祖刘邦曾讲，自己论运筹帷幄决胜千里不如张良；论统率将士冲锋陷阵不如韩信；论调运粮草管理后方不如萧何。 既然这三方面工作都有人做得更好，那刘邦当然没必要自己再去费心费劲了。 那么刘邦的意义在哪呢？ 我想根本的就是，刘邦为这些强人提供了施展才能的平台。 他们与刘邦之间是相辅相成的，是双赢的。 这是选人、用人的精义所在。

最贵的工资是最低的成本

文正语录

制胜之道，实在人而不在器。

《曾国藩家书》同治元年九月十一日与九弟国荃书

【谷园解读】

《论语》讲，"工欲善其事，必先利其器"，要想做好一件事，必须先有好的工具。比如高精度的模具产品，没有高端设备，神仙也加工不出。

但在更普遍的意义上讲，做事，人是关键，设备与工具是次要的。比如同样的笔墨纸砚，有的人写出字来就是纸黄金，动辄一平尺上万元。你写上字，却连收废纸的都不乐意要了。再比如小米加步枪的解放军不但打败了美式装备的国民党军队，而且在朝鲜战场打败了机械化的美军。上世纪八十年代，大多数起步阶段的民营企业都还是手工和半自动设备，国营企业的车间里就有很多价值成百上千万的进口数控设备，然而不过二十年，大部分国营企业便退出了历史舞台，民营企业则日益壮大。这些都说明"器"不是决定性的。

去年，一位模具专家在考察了我们当地的模具企业后，给老板们讲了一个吃花生的故事：

一对贫穷的墨西哥父子去美国，他们用仅有的钱买了船票。在船上，他们每天只能用随身带的花生充饥，花生吃多了是非常难受的，少不更事的儿子就问：爸爸，您看那些人都到餐厅里吃面包喝啤酒，为什么我们不去餐厅呢？父亲苦涩地回答：我们没有钱，只能吃花生。几天后，轮船到岸了。临下船时，一个船员拉住这位父亲说：我关注你们很久了，一直很疑惑，为什么你们只吃花生，而不进餐厅吃饭呢？当这位父亲把原因告诉船员后，船员吃惊地说：啊，您难道不知道，您的船票里已经包含了用餐的费用。

他用这个故事向大家说明，以现有的设备生产条件，大家是完全可以做更好的模具，赚更多的钱的。大家要做的，是把人的能力进一步发挥出来。

英才是制胜之本。某成功企业家曾讲：最贵的工资是最低的成本。用最优秀的人才所创造的价值，相对其高工资成本还是划算的。不过，现实中很多企业老板则舍得花高价买设备,却舍不得付高工资雇人才,狭隘地认为设备靠得住,而人靠不住。曾国藩晚年讲,"阅历世变,但觉除得人以外,无一事可恃"。做企业的人于此要有反思。

实力是根本

文正语录

审机审势,犹在其后,第一先贵审力。

《曾国藩家书》同治元年九月廿四日与九弟国荃书

【谷园解读】

凡做一事之前,都应当考虑三要素,要审机、审势、审力。

当我决定要不要写这本《吃透曾国藩》时,我是这样审机、审势、审力的:

审机。近十几年来历史与国学等传统文化因素成为大众阅读的一大取向,曾国藩则是其中的热门,今年恰逢曾国藩诞辰200周年,必将使其进一步受到关注。

审势。当下大众对曾国藩的兴趣,正从原来的官场成功,转向更深刻的层面,人们希望从他所承载的传统文化中寻找对人生和心灵的关照。网上一些人开始把曾国藩称为"东方卡耐基"、"励志帝"。因此,从励志角度来解读曾国藩,是市场的需求。

审力。我从十七八岁开始读《论语》等国学书籍和松下幸之助等管理书箱,有较强的理论功底,学生时代便有写作专长。有十几年的机关工作和公司运营的实践经验,生活也颇有波折,阅历丰富。十年来私淑曾国藩,相关书籍常置案头,学而不厌。

而这三要素中,审力是根本,因为机与势皆是外在的,也是开放的,对谁都一样,只有实力是自己的。正因为我的实力没问题,所以才有了这本书。曾国藩还讲过,"能战,虽失算亦胜。不能战,虽胜算亦败"。就是说,你的实力如果足够强大,那么时、势都不佳的情况下,你照样可以陷之死地而后生。

对于很多官场中人的发展来讲,上司的器重与否可能也是一种机与势,但决定成败的根本还是看自己的实力。"若有本领,办事好,虽仇人做上司,也不能压下去;若无本领,办事不好,虽父亲做上司,也不能抬起来",这也是曾国藩给我们的告诫。

攻守兼备

文正语录

坚守已得之地，多筹游击之师。

《曾国藩家书》同治二年三月而廿九日与九弟国荃书

【谷园解读】

打仗无非两方面：一攻一守。曾国藩这句话强调以守为主、以攻为辅，是一种稳扎稳打的阵地战思想。"游击之师"的说法，可能就是后来的游击队、游击战的渊源。这种军事上的策略，对于我们规划发展自己的人生事业，具有直接的借鉴意义。

做企业要讲攻守。现有的产品、市场、竞争优势要守住；同时要积极研发，开发新产品、新市场，打造新的增长极。如此攻守结合，企业才能有发展。若有偏废，只守不攻，过于保守，早晚会落伍被淘汰；只攻不守，如狗熊掰棒子，掰一个、丢一个，到最后胳肢窝里还是只剩一个。而一旦失了企业的固有根本，其实是难以为继的。

人生也是如此，本书其他篇目里我说过，三十而立，就是三十岁时我们得找到自己的位置与方向，而且需要一辈子来坚守。同时，也应当大胆地去尝试一些新东西、新领域，应当追求更丰富的人生体验，拓展生命的广度与厚度。不过，那个坚守之地不能丢，不然就容易把自己迷失掉。

对我来讲，做互联网应当是我的守，而写这本书算是一次"游击之师"吧。

决策的能力

文正语录

用人极难,听言亦殊不易,全赖见多识广,熟思审处,方寸中有一定之权衡。

《曾国藩家书》同治三年正月十七日与九弟国荃书

【谷园解读】

曾国藩有一个很强的幕僚班底,包括李鸿章、李瀚章、左宗棠等很多人后来都是封疆大吏、位极人臣。这些人既独当一面做各自的工作,又相当于一个参谋部,遇到重大问题,一起出谋划策。必然的,很多情况下这些人是各执一词、莫衷一是的。那么,作为决策者,怎样在各种意见中选取最适合的,或者从中获得启发形成有利方案,确实不是一件容易事。曾国藩认为,这要靠决策者平时丰富的经验积累和见识,深思熟虑,权衡利害,做出判断。所谓帅才,关键就在于这种能力。

平常人同样会经常面对决策的问题。比如有病乱投医,你看多个大夫,如果大家说法一致,你就踏实了,但如果莫衷一是,你就得判断思考一番了,你可能会考虑这些大夫医术水平、专长、医德、治疗成本的差异,并结合自身病症特点、人生观、方法论,还会在网上查找一大堆相关资料,最终做出决定。

人在做决定之前,总有一个收集信息、分析信息、做出判断的过程。谁的经验更多、见识更高、思考更深、权衡更准,谁的决策就可能更优化。

决策能力上造成的差异,对于投资来讲可能就是赔与赚,对于治病来讲可能就是生与死,对于人生来讲可能就是伟大和平庸。

养生五法

文正语录

养生之法，约有五事：一曰眠食有恒，二曰惩忿，三曰节欲，四曰每晚临睡洗脚，五曰每日两饭后各行三千步。

《曾国藩家书》同治五年六月初五日与四弟国潢书

【谷园解读】

曾国藩60岁就去世了，以今天的标准来看是比较短寿的，自然也算不上是养生有道。在与太平天国对阵的十来年里，他承受了太大的精神压力，体力透支、心力交瘁。他曾在奏折里写到，"每闻春风之怒号，则寸心欲碎；见贼帆之上驶，则绕屋彷徨。"几次身陷绝境差点自杀，而且一直都有癣疾，不得休养。

不过唯其如此，他对于养生便不得不在意，也总结了一些心得。我选取的这一段是最全面的。

一是睡觉和吃饭上要注意。充足的睡眠是健康的基石，据说晚上十一点之前躺到床上开始睡为最好，因为十一点开始，人的肝脏等脏腑依次开始排毒工作，睡着的状态对于这些内在的运动是有利的。另外，有一个误区要注意，上了闹钟早起健身，那样的收益抵不上睡眠的损失。至于吃饭，曾国藩讲"素食则气不浊"，强调素食，而且他强调"少食"。

二是少生气。要善于排解。

三是节制欲望，学会做减法。他说"节啬非独食色之性也，即读书用心亦宜俭约，不使太过"。要少吃，性生活要节制，而且要尽量少用心思，少考虑事。他说养生要"君逸臣劳"，君就是脑袋，脑袋要放松，臣就是身体四肢，要多做一些体力活，多锻炼。他还说，"寡言养气，寡视养神"，要少说话，少看东西。我们有体会的，偶尔闭目养神就会觉得身上比较舒服。

四是洗脚，我个人体会是，跟刷牙一样，不洗脚睡不了觉。这一条扩展一下，可以理解为，每人都应当有自己的养生的小方法，并养成习惯。

五是饭后百步走，能活九十九。步行是最无副作用、最温和有效的健身方式，比游泳更有益。我买车前坚持步行上下班，现在则每晚步行一小时，感觉不错。据说李鸿章和慈禧都有这个习惯。

此外,曾国藩作为一个老病号,以其切身经验,经常强调少吃药。他说,"伤寒反复者,每以服药致误,服补药则更易误。……病情反复之时,惟不服药,而症乃有定象也","吾阅历极久,但嘱家中老幼不轻服药,尤不轻服克伐之药,即善于养生之道"。我理解,这里面有几个要点:一是病情反复的情况下,药似乎可以停一段观察一下;二是补药、保健品对身体并无好处,人参燕窝不过是物以稀为贵,价值未必多高;三是西药抗生素等有副作用,中药也一样有副作用,是药三分毒;四是做好上述养生五法,身体自身有比较强的免疫、修复功能。

没有健康,一切归零,你要奋斗,就要懂得养生。

婚姻经济学

文正语录

历观古来世家长久者,男子须讲求耕读二事,妇女须讲求纺绩酒食二事。

《曾国藩家书》同治五年六月廿六日与纪泽纪鸿书

【谷园解读】

这句话让我想到黄梅戏《天仙配》里一句唱词:你耕田来,我织布。这里面强调了在婚姻中男人与女人各自的分工责任。

孔子说:君子之道,肇端乎夫妇。婚姻中涉及了为人处世、经济社会各个方面的问题。婚姻有两个基础,你知道吗?一是感情基础,要有爱;二是经济基础。马克思讲,经济基础决定上层建筑。这个道理,同样适用于婚姻,贫贱夫妻百事哀,婚姻里面也有经济学。

分工,明显就是一个经济学的概念。怎么分呢?曾国藩讲:

男人要耕读。在农业社会中,耕是家庭收入的主要来源,读是为考官。我们可以引申一下:男人要承担起赚钱养家的任务,同时又要做一些可能需要长期投入并实现远期丰厚回报的事情。

女人要纺绩酒食。纺绩就是织布、做衣服之类,一为自用,二可出售贴补家用。酒食就是做饭,管住男人的心,要从管好男人的胃开始,你可能上不了厅堂,但一定要下得了厨房。当然,女人还有一项重任是带孩子。女人的这三样工作具有很高的经济价值,但往往被男人所忽视,有时女人自己也会忽视。

以上便是传统婚姻中男主外、女主内的分工格局。今天的女人很多还要上班,在婚姻中的经济责任更大。但日子就是这样过的,各自承担,打好婚姻的经济基础,才能过上好日子,才能白头到老,幸福一生。

官场不倒翁

文正语录

居官四败曰：昏惰任下者败，傲狠妄为者败，贪鄙无忌者败，反复多诈者败。

《曾文正公全集》【一】求阙斋日记类钞 卷上 省克

【谷园解读】

做官出问题，经常是在这四个方面：

一是，对于手下人不够了解，没能做到知人善任，他们出了问题，你跟着承担责任。昏就是知人不明，什么也没有考察清楚就任用了。"惰"就是没有及时地监督、训导、管理下属的工作。"任下"就是大撒把，甚至出现问题了也不及时纠正处理，心慈手软，姑息养奸，最后事情无法收拾时，把自己也拖下水。

二是，所谓的改革家、激进派，做事太扎眼的，目中无人、自以为是，过于强势，太爱出风头，违反潜规则，这样的人树敌太多，遭人忌恨，容易出事。

三是，贪污腐化。贪就是贪污，鄙就是生活作风不好，"无忌"二字就是指不知避讳，过于张扬。很多贪官贪污受贿、包二奶、养情人，不以为耻，反以为荣，甚至臭显摆、吹牛皮，唯恐人不知道。这样的人很多的。

四是，喜欢鼓捣人、鼓捣事的人。这种人拉帮结派，而且朝秦暮楚，今天跟这个好说那个坏，明天跟那个好说这个坏。可谓官场的小人，也是容易出问题的。

对照这四个方面，都没问题的官员，可能能力平平，但会成为官场不倒翁。不求有功，但求无过。此八字是官场铁则。

不过曾国藩讲得更积极，他一方面指出上述"四败"，另一方面也指出保持"名位悠久"的四个字：廉、俭、严、明，要"廉俭持躬，严明驭众"。

没有创新就没有发展

文正语录

前世所袭误者，可以自我更之；前世所未及者，可以自我创之。

《曾文正公全集》【一】求阙斋日记类钞 卷上 治道

【谷园解读】

以我的阅读经验看，中国的传统文化里关于创新的思考是比较少的。《诗经》里有一句"周虽旧邦，其命维新"，意思是，周朝虽然是一个古老的国家，但他的使命是不断革新。这句话，被儒家的一些经典所引用，以强调创新的意义。但总体讲，我们的文化强调继承和模仿更多一些。

特别是在一些所谓国粹的领域，传统既是高峰不可超越，又是边界不能逾越。比如书法，篆隶草行楷，就框住了。比如国画、京剧也是这样。把传统临摹像就是高手了，就不愁吃喝了。

跟美国不一样，他们建国才二百多年，什么都是新的，无所继承，创新就成了习惯。我们是文明古国，传统太强大了，生产生活、精神物质在传统里都有比较成熟的东西，按着老规矩干就什么都能应付，用不着创新，慢慢地我们成了梁启超所忧虑的"老大帝国"。

今天从科技方面，我们仍然是以模仿为主，整个社会的研发投入相对发达国家还是比较少的。我朋友去德国参加产品展会，去看德国一些企业的新产品时，对方会非常警惕，害怕被拿去COPY。

创新意味着成本、风险，同时也蕴藏着机会与高的回报，因此创新是勇敢者的游戏，新鲜、刺激。

其实不单纯是社会、企业需要创新，生活也一样，创新带来的新鲜与刺激，会让我们对于发展有更多的期待。

管人要严

文正语录

驭下宜严，治事宜速。

《曾文正公全集》【一】求阙斋日记类钞 卷上 治道

【谷园解读】

曾氏兄弟有共识，管人的事情，不论是兵将，还是官员僚属，最重要的就是严。管孩子也是一样，严父常多孝子。治事宜速就先不说了，凡事往前赶，不然夜长梦多，外部环境发生变化，事情就不好办了。我们主要谈一下这个"严"字。

一年前，富士康员工跳楼事件牵动人气，当时似乎是在备受压力的富士康员工中间形成了一种跳楼效应：你跳，我也跳。连续跳了13个。跳下去的生命需要同情，但当时我关注的是，企业做到中国最大（的制造业企业）与员工跳楼之间的关系。如果这家企业的员工从不想跳楼，那么这个企业还会做这么大吗？我想，不会吧。媒体介绍富士康老板郭台铭以严厉著称，对手下的高层非常严厉，严厉是他们的企业文化。

严厉！

台塑王永庆是这样的，很多日本企业是这样的，韩国企业老板让中国员工下跪其实也不外这两个字。华为的技术人员不也有猝死的吗。世界上没有一支军队不强调这两个字，军令如山，让你跳，下面是刀山火海也得跳；让你站，除非晕倒，你必须站。

富士康的严厉，让员工做成一个螺丝钉，这不曾经是我们宣传的吗？一个制造业企业流水线上的工人，难道不是一个螺丝钉吗？没必要美化这一点。据说有的操作工甚至盼着掉落一颗螺丝，好弯腰去捡，以取得片刻的休息。这是多么强势的管理。这样的管理难道不是成就这个超级企业的基础吗。

事物皆有两面。从这样成功的企业身上，我们先要学习这一点吧：严厉。

新加坡的缔造者李光耀讲过，华人社会需要"开明专制"。他是极其了解中国人的国民性的，这个民族有其优良的品格，如勤劳。但劣根性同样突出，台湾的柏杨为此写过《丑陋的中国人》，鲁迅先生则刻画了阿Q。

阿Q不是别人，其实就是我们这些普通的中国人，谁敢说自己身上没有阿Q的影子，阿Q是欺软怕硬的，他一边被人抽耳光，另一边则跑去摸小尼姑的头。

我爸爸常说：七分仁情，不如三分怕情。

为官三大职责

文正语录

治世之道，专以致贤养民为本。其风气之正与否，则丝毫皆推本于一己之身与心，一举一动，一语一默，人皆化之，以成风气。故为人上者，专重修身，以下之效之者速而且广也。

《曾文正公全集》【一】求阙斋日记类钞 卷上 治道

【谷园解读】

这话连起来解释就是，为官治世得干好三样事：致贤、养民、正风气。

"致贤"就是选用贤能之人出来发挥其能力来为民办事。"养民"就是发展经济，提高人民生活水平。正风气就是引导健康积极的社会道德风尚。

其实，后两条是可以分别对应所谓物质文明与精神文明的。致贤则可对应所谓"以人为本"。

今天的为官从政，养民这一条没有问题，另外两条都有待改进提高。

致贤方面有两个问题：一是干部任用方面的腐败现象严重，说好听了是跑官要官，说难听了是买官卖官，不论贤不贤，只论钱不钱。当然这并不是主流，但问题严重；二是选拔任用机制有的过于简单化了，常常以年龄、学历、民族、性别、党派等条件画出一个框，然后套上谁，就提拔谁，真跟古典小说里的抛绣球招亲似的。结果网上时不时就曝出个什么29岁县长、23岁镇长之类的，这种情况很伤那些埋头苦干者的心。

正风气一度被忽视，后来高层意识到了，提出"三讲"之一，即"讲正气"，但很快就过去了。现在社会上很多坏风气其实是官员给带出来的。古人极其重视这一点，孔子就曾讲，官员的德行就像风，老百姓的德行就像草，风往哪边吹，草就往哪边倒。越是高官，越是有万千百姓瞅着你，你喜欢喝茅台，茅台就涨价；你开始养情人，离婚率就上升；你搞阴谋权术，民心也就多奸诈。当然，也不限于官员，凡有社会影响力的名人都应当强化一下这种社会责任意识。张柏芝艳照门了，学生开房的就多起来了；锋芝离婚了，很多青年就在网上悲叹，谁还能相信爱情。这个时代里演艺明星的影响力高于官员了，这是历史的一种进步吧。

曾国藩讲"天下事，总贵贤者倡立好样子也"。并且认为风气的转变，有时就是从一两个人的努力开始的，"其始赖一二人者默运于渊深微莫之中，而其后人亦为之和，天亦为之应"。这一两个人的努力，真可能会形成一种"蝴蝶效应"，我们作为平凡之人，也应当为这个效应扇动一下自己的翅膀。

另外，对于一个机关、一个企业、一个组织，都存在一个风气问题，其中领导都起着关键的作用，不可不慎啊！

得人治事之方

文正语录

为政之道，得人、治事二者并重。得人不外四事，曰广收、慎用、勤教、严绳。治事不外四端，曰经分、纶合、详思、约守。

《曾文正公全集》【一】求阙斋日记类钞 卷上 治道

【谷园解读】

不单纯是从政做官，做其他的事业也是，作为领导者有两件事是最重要的：一是得人，即招聘、培养、选拔、任用人才；二是治事，得有思想、理论、方法、实践。

得人，要做好四个方面。

一是广收。成就事业需要方方面面的人才，招人的网要尽量撒得大一些，选人的标准宜宽，宜包容。在经济条件允许的前提下，还应当储备一些人才。对于一些小企业、小机构来讲，人力资源的成本则不容易承受。曾国藩有实力，所以只要有一技之长的人，就断不敢轻视，就尽量使其为我所用。

二是慎用。曾国藩讲：人不易知，知人不易，慎用就是强调既要知人善任，又要边用边考察。诸葛亮提出，考察人才要"问之以是非而观其志；穷之以辞而观其变；咨之以谋以观其识；告之以难以观其勇；醉之以酒以观其性；临之以利以观其廉；期之以事以观其信"。

三是勤教。要不厌其烦地培训、教育、锻炼人才。

四是严绳。要用严格的制度和高的标准要求人才。

治事，要讲究方法，把握规律，凡事做到四条。

一是经分。要善于把一件大事劈开成若干小事，这样一条条、一块块、一步步地去分析、操作、落实。

二是纶合。要善于把若干事情、问题进行归纳，找到共性和一定之规。

三是详思。要周密地思考，既能一分为二、辩证分析，又能合二为一、归纳总结；既着眼全局及外部关系，又关注细节、把握内在联系。

四是约守。要把千头万绪的关系和问题简单化，把最关键、最根本的抓在手里就可以。一只手只有五个手指，设想一下，要是有50个的手指，那还能用吗？

怎样树立权威

文正语录

带勇之法：用恩莫如用仁，用威莫如用礼。仁者，所谓欲立立人，欲达达人也。待弁勇如待子弟之心，尝望其成立，望其发达，则人知恩矣。礼者，所谓无众寡，无小大，无敢慢，泰而不骄也；正其衣冠，尊其瞻视，俨然人望而畏之，威而不猛也；持之以敬，临之以庄，无形无声之际，常有凛然难犯之象，则人知威矣。守斯二者，虽蛮貊之邦行矣，何兵勇之不可治哉？

《曾文正公全集》【一】求阙斋日记类钞 卷上 军谋

【谷园解读】

做领导，对下属应当恩威并重。

恩，不见得你直接给他什么好处，什么实惠，关键是要有一颗爱护、提携之心。所谓"欲立立人、欲达达人"，就是自己要想建功立业，那就应当帮助下属立业；自己要想发达，就应当帮助下属发达。对待下属要像对待自己的子弟一样真心实意，以心换心，下属自然也会知恩图报。

威，不是吹胡子瞪眼、装腔作势，也不是拿升职加薪作为要挟筹码、拿权力唬人，而是靠处事公平、讲究原则，及自身的修养气质。你衣着正式、认真、严肃、严厉，自然会形成一种凛然难犯的威严。

曾国藩还说：说话不中事理，不担斤两者，其下必不服。拓展一点，可以理解为，领导者要以德才服人。

道德方面要无可挑剔，你不孝、包二奶、贪污、粗俗等等，定会被下属非议与嘲笑。

才能方面要有高明之处，你既不懂业务、也不懂领导方略、说法不利索、文章写不了，下属会质疑你这个官是怎么来的，会觉得做你的下属是耻辱。

不过，从权术的角度讲，不用这么麻烦，人性的弱点还是很突出的，你把握住下属期望通过你得到的东西，就有权威，就可以把他们摆弄得服服帖帖。

有的忙不能帮

文正语录

用兵之难，莫大于见人危急而不能救。

《曾文正公全集》【一】求阙斋日记类钞 卷上 军谋

【谷园解读】

作为一名带兵的将领，最难的，最让心灵煎熬的是，有时你眼睁睁看着另一支子弟兵被围困、被全歼，却不能前去营救。这样的事，在战争中是非常多的。因为战争是牵一发而动全身的，你去解救他，可能把自己也搭进去，或者带来其他方面更大的损失。所谓将才，这种得失的权衡与对道德情感的克制，是基本的素质。

战争之外的类似的情况也是很多的。亲朋有急难向你求助，这时同样要有一个利害的权衡。人性的善其实就在于有一种帮助人的本能，这种本能使得物种以一种群居的生活方式不断发展。基于这种善根及情感，谁不愿伸出手去帮他一把呢。但很多情况是不能帮的。比如，他犯罪了求你庇护、他借钱数额很大而且还款风险极高等，这样的情况，你要是帮了，可能就会铸成大错。这时你拒绝他，其实是保留了继续帮助他的实力。

选人的眼光

文正语录

有转移之道,有培养之方,有考察之法。

《曾文正公全集》【二】奏稿 卷一 应诏陈言疏

人才以陶冶而成,不可眼孔甚高,动谓无人可用。

《曾文正公全集》【一】求阙斋日记类钞 卷上 治道

衡才不拘一格,论事不求苛细,无因寸朽而弃连抱。

《曾文正公全集》【五】书札 卷八 复庄卫生

【谷园解读】

以人为本是曾国藩政治军事思想的核心。他说,做大事以多选替手为第一义,为官之道不外得人、治事,做官就是致贤、养民、正风气,等等。对于选拔人才的强调,他是不厌其烦的。对于选人、用人,他有一套完整的理论体系和操作方法,而且事实是,经他手的人才,后来不下百人做到一二品的大官,很多文人与专才也青史留名。他可谓史上最牛伯乐。

这三句话主要是讲选才。有两个特点,一是他用发展的眼光来看人,二是他用包容的眼光来看人。

曾国藩强调人才有"转移之道",这是什么意思呢?有句话叫浪子回头金不换,这就是转移。美国二战后有十位将领进入商界并取得巨大成功,被称为"蓝血十杰",他们的军事才能转变为商业才能,这就叫"转移"。

"培养之力"就甭说了,他不能拿过来就用,但他是个苗子,你得培训他,陶冶他,他的光芒才会放射出来。有时候他自己都不能意识到自己的潜质,你却看到了,就好像买古董捡了漏儿一般,又会成就一个人,这是多么让人开心的事啊。

这都需要一个发展的眼光。

包容的眼光则是因为,人往往优点突出的,缺点也会突出,所谓"个性强"正在于此。你是愿意要一个有缺点的战士,还是愿意要一个没缺点的苍蝇?

然后看走了眼,怎么办?不要紧,还有一个考察之法,要在实践中进一步观察、考核,淘汰劣者。

五勤五到

文正语录

办事之法，以五到为要。五到者，身到、心到、眼到、手到、口到也。身到者，如作吏则亲验命盗案，亲巡乡里，治军则亲巡营垒，亲探贼地是也；心到者，凡事苦心剖晰，大条理，小条理，始条理，终条理，理其绪而分之，又比其类而合之也；眼到者，着意看人，认真看公牍也；手到者，于人之长短，事之关键，随笔写记，以备遗忘也；口到者，使人之事既有公文，又苦口叮嘱也。

《曾文正公全集》【四】批牍 卷二 咸丰十年庚申岁七月起，祁门行辕

【谷园解读】

曾国藩的"五到"总结得极精辟，他还有个"五勤"，基本是一个意思，但也略有差异，不妨先照录如下：

"勤之道有五：一曰身勤。险远之路，身往验之；艰苦之境，亲身尝之。二曰眼勤。遇一人必详细察看，接一文必反复审阅。三曰手勤。易弃之物，随手收拾；易忘之事，随笔记载。四曰口勤。待同僚则互相规劝，待下属则再三训导。五曰心勤。精诚所至，金石为开；苦思所积，鬼神亦通。五者皆到，无不尽之职矣"。

我们捋一下，身、心、眼、手、口。

身勤、身到，两方面，一是要身先士卒，冲在前面，发挥带头作用；二是要身临其境，亲临现场，日本"经营四圣"之一的稻盛和夫讲，"现场有神灵"，只有到现场，那些感性的信息才能激发你的认知，才能发现细节，掌握解决问题的关键点。世间没有不看现场就能破案的侦探。纸上得来终觉浅，绝知此事要躬行。心勤、心到，两方面，一是凡事要认真思考、掰开揉碎了分析；二是要真心、热心、用心、关心、精心、细心，保持做事的信心与热情。眼勤、眼到，两方面，一是要认真观察事物，特别是对人要善于鉴貌辨色；二是认真看文件，要能看出问题。手勤、手到，两方面，一是要有随手做笔记的习惯，好记性不如烂笔头；二是随时打扫、保持整洁。口勤、口到，强调的是沟通，对下要叮嘱，对上要汇报，都要经常、及时、适时。

此"五勤"、"五到"，与阴阳五行相合，适用于人类各种活动。

建立自己的统一战线

📖 文正语录

办大事者，在内贵有志气，在外贵得人心。

《曾文正公全集》【四】批牍 卷二
咸丰十一年辛酉岁十一月起，安庆行辕

【谷园解读】

所谓"大事"，对不同的人、不同的组织及其所处的不同阶段都有所不同，但有一点是相同的，就是要做成大事，必然需要内部与外部两方面的努力和支持才可达成。

内有志气，就是要有自强不息的内功；外得人心，就是要有良好的人际关系甚至舆论氛围。

这里面有几个点：

一是一个人自己得争气，自己不争气，没人看得起你，就不要想会得到支持。反之，你有志气，做事踏实，人品好、人缘好，自然得道多助。

二是应得到哪些人的支持。

首先，家人要支持，家和万事兴，反之，处处掣肘，就很难办了。

其次，要有强人支持。对于一个草根，没有权贵的支持，很难崛起。

再次，要有朋友支持，一个好汉三个帮。

还有，得有追随者，无论你交好运，还是走麦城，他们都能对你不离不弃。巨人集团倒掉时，史玉柱失败了，可照样有一帮弟兄追随着他，等时机来时，帮他东山再起。

最后，得有社会的认可。要有口碑，有声誉，让人信任、尊重。

三是要想得人心，就应当成一个事去经营。

自己做得好固然重要，真诚、正直、善良，还不够，人际关系的优化需要切实的大量工作去做，要投入时间、精力、财力，要有技巧。这是我的短项，认识到这些却做不好。

总之，我们要建立自己的统一战线。

一定之规

📖 文正语录

　　凡与诸将语，理不宜深，令不宜烦，愈易愈简愈妙也。即吾辈治心、治身，理亦不可太多，知亦不可太杂，切身日日用得着的不过一、两句，所谓守约也。

《曾文正公全集》【五】书札 卷九 复李申夫

【谷园解读】

　　训导手下的将领们时，道理别太深奥了，命令不要烦琐，越简单越好。我们修养身心，也不用看一大堆道理，看得太杂的，往往有互相矛盾之处，反而更多困惑。真正有用的话，经常在心底提醒一下自己的，有一两句就够用了。守约的意思就是抓住简要，你要坚守住的，有那么一点点，就 OK 了，多了就乱了，定然守不住的。对此，曾国藩进一步讲，"御众之道，教下之法，易则易知，简则易从，稍繁难则人不信不从矣"。

　　不论是领导一个企业，还是一个单位、一个部门。固然一套详细的规章制度是不可少的，没有规矩不成方圆。但规章制度只是一个参照的框架，告诉下属能做什么、不能做什么。它是一个面上的东西，不能触及灵魂，不能影响价值观、思维方式，也不能激发热情等积极的情绪和心理反应。这些东西要靠什么？靠文化。企业有企业文化，单位有单位文化，部门有部门文化。说到企业文化，似乎又要复杂化，而我要强调的是，企业文化不同于规章制度，它说到底就是大家都有共识的一两句话。

　　拿我们当地一家大型零售企业来讲，它在员工中强调的企业文化，核心就是一句：把简单的事天天做好就是不简单。售货员的工作是简单的，她难免会怀疑自己的价值，不过，她会从"天天做好就是不简单"来找到自信，真称得上"愈易愈简愈妙也"。我看日本松下幸之助运营公司的理念，也是强调那么几句话，其中一句"服务第一，销售第二"，就非常经典。看这本书，有一两句能与你共鸣，你与我，就算双赢了。哈！

　　关于这个守约，在落实的层面，曾国藩同样强调从简单易行的小事入手，比如勤，他强调，先做到坚持早起就可以。

落实不了的规矩不要立

📖 文正语录

立法不难，行法为难。以后总求实实行之，且常常行之。

《曾文正公全集》【五】书札 卷十 与李申夫

【谷园解读】

没有规矩不成方圆，所以规矩是必须要立的。老婆要先买房，老公想先买车，各执一词怎么办？这在100年以前很好办，国家给立规矩了，夫为妻纲，老公说了算。现在宪法规定男女平等，双方只好吵架定胜负。虽然有人说家庭是讲感情的地方，不是讲理的地方，但有一些共同的约定还是有意义的，要是明确个家规就更妙了。台湾作家李敖讲，他家祖上传下一条家规：凡我子孙，当法刘伶，妇人之言，切不可听。男人在关键时刻就拿出这张小纸条来平息争执，取得主动。但这样的家规，注定在现代社会的家庭里是会被粉碎的，女人们要革命的。如果一个规矩、一条法令被确立，但不能切实执行，甚至被粉碎，那样不但收不到立法的预期效果，而且会失却立法者的权威。

所以曾国藩还有一句话，"立法之初，不可不慎，求为可继，求为可广"。不可继、不可广的就不要立，一旦立法，则须坚决落实。改革之初，邓小平同志曾提出建设法制社会的16字方针：有法可依、有法必依、执法必严、违法必究。这后12个字全部都是强调行法。

你给孩子立规矩：每天背一首唐诗。可你做得到每天都检查吗？如果做不到，就不要立这个规矩了。

家有家规，国有国法，企业有企业的制度，在这个问题上都要慎重对待。

怀疑的态度

文正语录

凡读书笔记，贵于得间。

《曾文正公全集》【五】书札 卷十一 复张廉卿

【谷园解读】

所谓"间"，就是空子，就是疏漏不周之处，与"间谍"的"间"字是同义。读书的人要能发现这样的空子，钻这样的空子。

曾国藩这样讲，是强调读书要有一种怀疑的态度，如孟子所言，"尽信书则不如无书"，不能被书中的错误所误导。他曾说，二十三史中关于战争过程的记述，很多都是文人凭空想象着编出来的，真要把那些作为借鉴来指挥打仗绝对不行。他认为《史记·淮阴传》所记战争是最靠谱的，可仍然有一些细节经不起推敲。

胡适讲，十一世纪的新儒家常说到怀疑在思想上的重要。其代表人物张载讲"在可疑而不疑者，不曾学。学则须疑"。朱熹则对弟子讲，"诸公所以读书无长进，缘不会疑。某虽看至没紧要的事物，亦须致疑。才疑，便须理会得彻头"。

古人讲切磋学问，有一名句佳联"奇文共欣赏,疑义相与析"，也是强调疑。

人类从蒙昧中走来，对宇宙、自然、人类自身的认知，正是经历了无数由臆想成说，到怀疑、发现、更正，并不断接近真理的过程，同时又必然存在着大片非真理的盲区。我老婆则说，古今中外，愚民政策无处不在。所以马克思有一句名言：怀疑一切。怀疑是独立思考的前提，是创新的必备条件。因为怀疑，你才会刨根问底，才能发现真相和真理，才能发现机会并有所作为，甚至改变世界。

因此，作为一名现代青年应当不迷信权威，不迷信公论，不迷信宣传，不人云亦云，不道听途说，凡事先以怀疑的眼光打量一番，再以怀疑的态度体验一下，才能算是心中有数。

把握关键

文正语录

肢体虽大，针灸不过数穴；疆土虽广，力争不过数处。

《曾文正公全集》【六】书札 卷十五 复胡宫保

【谷园解读】

在曾国藩平实缜密的文字间，不经意地便会跳出一两句这样的格言，金光一闪，让人过目不忘。人的身体这么大，做针灸时只是扎几个穴位而已；天下这么大，战争中的兵家必争之地是有数的那么几个地方。

很多打天下的开国皇帝不过十来年就肃清寰宇了。比如刘邦，公元前209年起义，到公元前202年就建立了汉朝。可能很多地方他一生也没有去过，甚至没有听说过，他要做的只是组织好几场战役，打下那些重要的战略要地就可以了。

再大的事，还能大过于此吗？我们从中要学习的，正是一种着眼全局，把握关键的思维方式。要善于发现和把握这几个关键点。

一件事的成败，决定于这几个关键点。

一生的成败，同样决定于这几个关键点，甚至就是一个关键点。有句话：男怕入错行，女怕嫁错郎。对于一个女人来讲，嫁给谁可能就是决定一生的关键点。

还有句话：打蛇打七寸。"七寸"相当于一个穴位，你只要打中了这里，再厉害的蛇也就搞掂了。

不少人质疑这本书的名字，问我真的吃透了曾国藩吗？曾国藩的这句话，也许恰可以回答这个问题。

得有个天天念叨的事

文正语录

爱民乃行军第一义,须日日三令五申,视为性命根本之事,毋视为要结粉饰之文。

《曾文正公全集》【六】书札 卷十八 复李少荃

【谷园解读】

这句话很直白,不必详解,而且,曾国藩也确实不是把爱民作为自我标榜,对于扰民、害民的湘军官兵是格杀勿论的。我关注的是,他强调的"第一义",即头等重要的事,对这个"第一义",要"日日三令五申,视为性命根本"。

"第一义"的说法,曾国藩还讲过很多,如"欲去骄字,总以不轻非笑人为第一义。欲去惰字,总以不晏起为第一义"、"居官以耐烦为第一要义,带勇亦然"。凡事皆有第一义,这是一种思维方式。把这个第一义做好,就能提纲挈领,事半功倍,掌控全局,这是一种做事技巧。依次的还有第二义、第三义,做一番这样的排序,分出轻重缓急,这是成熟的做事。第一义要是落实不好,别的也是枉然。

我们也应当明确一下自己的第一义。

教育孩子的第一义是什么?

升官的第一义是什么?

培训员工的第一义是什么?

等等。

然后天天在心底冲自己,或者冲员工、冲孩子念叨念叨,会管用的。

就像电影《荆轲刺秦王》里的一个情节:每天一个宦官要大声质问秦王:嬴政,你忘记秦国历代先君一统六国的大愿了吗?秦王则扯着嗓子吼道:我没忘!

如何协作

文正语录

以自立为体,以推诚为用。

《曾文正公全集》【六】书札 卷十九 复李少荃中丞

【谷园解读】

合作是必须的,单枪匹马做不成大事。 合作就是整合资源,优势互补,争取双赢。 卓有成效的合作,必然建立在这两个基本点上:

一是自立,合作双方都要坚持自立、自强,要不等、不靠、不依赖。不能是一个和尚挑水喝,两个和尚抬水喝,这样降低效率,而要追求1+1>2,不然合作就没有意义了。 当合作双方的实力不对等时,弱者对强者难免有依赖心理。 我有体验,我的公司与深圳一家公司合作的初期,我常有一种傍大款的心理:我要获取、我可以获取、我应当获取,而不是平等的互助。 当然,我很快纠正了这个错误心理。

二是推诚。 就是要说实话、办实事、不虚饰、透明。

初步有合作意向的双方,本能地掩饰缺点、展示优点。 为了促成在繁殖后代这个事情上的合作,雄孔雀会开屏,把自己最美的特质展现给对方。 恋爱中的男人多数都是绅士的,女人多数都是淑女的。 但路遥知马力,日久见人心,在长期的合作中,缺点是掩饰不了的。 与其被对方一点点发现,让其有上当或者上了贼船的感觉,不如适时地主动公开自己的问题、坦白自己的缺点。 我强调适时,是因为我认为合作前对自己的美化是必须的。 不然,你可能根本没有合作的机会,当然更没有坦白的机会。进而双方应当直面合作中的各种问题,积极的沟通、解决,甚至要直面合作总是有期限的,天下没有不散的筵席。

婚姻是最原始的合作,也是最有成效的,绝对是一加一大于二,甚至大于N,婚姻中的自立与推诚同样重要。

领导的魅力

文正语录

驭将之道,最贵推诚,不贵权术。

《曾文正公全集》【六】书札 卷十九 复李少荃中丞

【谷园解读】

电视剧《康熙王朝》里有一个片段,康熙会见一些地方官员,有大臣提醒他,以往的皇帝轻易不会让地方官员看到自己,这样可以强化天子皇权的神秘感和威慑力。康熙则斥责他:那是术,朕现在做的是道!

曾国藩讲领导之道,同样是反对权术,而强调推诚。

什么叫推诚呢? 我理解就是一套开诚布公的约定,包括:明确而切实可行的利益分配原则、赏罚制度、价值观和事业观,以及情感层面的共识等。

什么叫权术呢? 我理解就是骗术、愚民政策。现在很多企业讲究企业文化,要给员工洗脑、灌输有利于企业的价值观、不遗余力地批判个人主义的同时,大肆美化对企业的奉献精神,让员工傻傻地成为流水线上的螺丝钉。我们当地一位非常成功的企业家,在谈到他的企业文化时强调"进了我的门,就得信我的教"。也许这是形成一个大的组织所必需的吧。

我是崇尚个人主义、崇尚自由的人,对于这样的"权术"深恶痛绝,认为"推诚"的领导才能有感召下属的魅力。但站在做大一个组织、一个企业、一个单位的角度讲,这样的推诚与权术的巧妙结合,可能是最富成效的。

毁誉之中立定脚跟

文正语录

大抵任事之人，断不能有誉而无毁，有恩而无怨。自修者但求大闲不逾，不可因讥议而馁沈毅之气；衡人者但求一长可取，不可因微瑕而弃有用之材。苟于峣峣者过事苛求，则庸庸者反得幸全。

《曾文正公全集》【六】书札 卷二十三 致恽次山中丞

【谷园解读】

初中有一篇古文课《乐羊子妻》，我至今记得那句名言"夫子积学，当日知其所亡"，有这样的贤妻，乐羊日后果然很厉害，成为魏国大将。《史记·樗里子甘茂列传》记载，有一回，乐羊带兵去攻打中山国，打了三年，终于打下来了。班师回朝，乐羊本来还想跟国君表表功，等着加官晋爵领赏什么的，可没想到国君扔给他"谤书一箧"，就是一大筐告状信。乐羊立马明白了，跪下就磕头，谢罪道"此非臣之功也，主君之力也"。要不是这国君信任他，沉得住气，他又怎么能取得战争的胜利啊！

电视剧《士兵突击》里有一段，五班的几个士兵平时无所事事，便打打扑克消磨时光，而被他们称为"许木木"的许三多，却要做自己认为有意义的事，每天从远处背来石头修路。对此，一开始大家是冷嘲热讽，打赌许三多坚持不了几天就会放弃。后来则是愤怒了，竟然半夜起来要破坏这条路。这一小段故事，揭示了一种人性的弱点，在现实中无处不在，干事的人会无缘由地把所有不干事的人得罪，从而变得孤立、另类。而且，人无完人，都有缺点，干事者的缺点这时会在舆论中被放大，直至臭名昭著。搞臭你、搞垮你，回复到大家都不干事的局面，这样就OK了。

作为更高一层的官员，尤其要意识到这种人性的弱点，应不为人言所左右，避免去挫伤干事者的热情。而作为干事者自身则应加倍严以律己，避免授人以柄，"但求大闲不愈"，就是不出大格、大问题，在毁誉之中立定脚跟，"走自己的路，让别人说去吧"。曾国藩兄弟一生也饱受这个问题的困扰，他们这样来自勉，"我辈办事，成败听之于天，毁誉听之于人，惟在己之规模气象，则我有可以自主者。亦曰不随众人之喜惧为喜惧耳"，"信于毁誉祸福置之度外，此是根本第一层功夫。此处有定力，到处皆坦途矣"。

实践篇

烧香拜佛不如拜自己

文正语录

若作人不苟,办事不错,百姓赖之,远近服之,则神必鉴之佑之,胜于烧香酬愿多矣。

《曾文正公全集》【四】批牍 卷二
咸丰十年庚申岁七月起,祁门行辕

【谷园解读】

几年前,有个网络病毒一度很凶猛——"熊猫烧香"。我觉得这个名字很有寓意,也挺讽刺的。人们烧香本来是为了求保佑的,可这个病毒告诉你,烧香会中毒。同样有一句俗话:烧香引出鬼来。你本来干了点坏事什么的,神也不知道、佛也不知道、鬼也不知道,你老实地一边蔫着,这哥几个谁也不搭理你,可你却主动上前讨好、谄媚、忏悔,神佛没啥反应,倒是让这鬼抓到了你的把柄。所以孔子早就讲了,敬鬼神而远之,要离得远远的才好。

禅宗本是佛教的分支,但他们则比孔子更厉害,讲的是"呵佛骂祖",他们是敢于骂佛祖的,不但骂还敢烧。《五灯会元》里记载,唐代有位丹霞禅师,有次他云游到一座寺院,天大寒,想生火取暖可找不到柴禾,咋办呢?他一眼搭上旁边两尊木佛,于是弄下来就给劈巴烧了。这下旁边小和尚吓坏了,"您这是干什么啊?您不怕佛祖降罪给您吗?"丹霞回答:"我烧了它找舍利子啊。"小和尚被气乐了,"这是木头佛,怎么会有舍利子呢?"丹霞也笑了,"对啊,它不过是木头,拿什么降罪我?"

小和尚这句话又让我想起一段侯宝林的相声《买佛龛》,说有一个老太太临过年,要送"灶王爷"上天,于是去商店买佛龛,回来的路上一个小青年跟她打招呼,"大娘,您这买佛龛去了?"老太太不高兴地说,"年轻人不懂规矩,这是佛龛,那能叫买吗,得说请。"青年于是问,"那您多少钱请的啊?"老太太抱怨,"唉,就他妈这么个破玩意,八毛!"

去过几次普陀山、灵隐寺,都香火盛极,俨然一大产业。导游总要眉飞色舞地讲什么什么高官如何在此拜佛烧香。而我恰遇过这么一个场面,在灵隐寺的大雄宝殿前,一群游客挤在门口做双手合十祈愿状,而隔栏里面的门内,真正的佛案前,一位官员正被僧侣簇拥着行礼。当时我想到那句所谓的"佛法无边,众生平等"真是一句笑话。

另外,很多企业也流行供关公、供财神。

人需要宗教的终极关怀,这无可厚非。但现实的处世为人、为官、为企,还是要相信曾国藩这句话。

如果有佛,那么佛在心中,拜自己吧。

要 耐 烦

文正语录

若遇棘手之际，请从"耐烦"二字痛下工夫。

《曾文正公全集》【六】书札 卷二十六 致李宫保

【谷园解读】

曾国藩讲过，做官就是不断解决麻烦的。他的朋友左宗棠则说：闭户读书真得计，当官持廉且不烦。做官不能怕麻烦，做企业、做人又何尝不是如此。电影《手机》里费老的口头禅就是"麻烦！"活着就麻烦不断，谁要是不想活了，有人会说他"活得不耐烦了"。当然，麻烦的多少与程度是有不同的。我们曾讲，能力越大，则责任越大；责任越大，则麻烦越大。因此越是优秀之人，成功之人，越得耐烦。

麻烦，顾名思义，就是像一团乱麻似的烦恼和事务，剪不断，理还乱。你在其位，谋其政，逃避不了。你可以把它放两天，这样可能让你冷静一些，想出更好的解决办法；也可能因此积压更多问题。麻烦是包干到户，该你干的活，今天干也罢，明天干也罢，早晚也得你自己干，而且多数情况是宜早不宜迟，你得抓紧干。你为之上火、暴躁，于事无补，只能让麻烦更大。

怎么办？凉拌（办）呗。静下心来，慢慢办。心底要明了：再棘手之事，总会有了结之时，会过去的。

关于病也是如此。病来如山倒，检查、治疗、调养、求医、医保、红包，从治病这个事务上来讲，里面就有若干的麻烦，你得耐烦办好。养病的过程也可能是漫长之时，吃药、饮食限制、物理治疗、精神调节、体育锻炼等等，很多事都得放下，你着急也不行，也得耐烦，不然只能耽误更长的时间。

表扬别人也表扬自己

文正语录

人才何常,褒之则若甘雨之兴苗,贬之则若严霜之凋物。

《曾文正公全集》【七】书札 卷三十三 复许仙屏编修

【谷园解读】

看来曾国藩算是"赏识教育"的先驱了。提出"赏识教育"这个概念的周弘先生把自己双耳全聋的女儿培养成哈佛博士。我在网上查找他们的相关资料时发现,很多的照片里,他们都在打一个手势,就是向你竖起大拇指。

人首先是渴望被关注,进而渴望被表扬。这是一个心理学上的问题,原因就不劳我分析了,这里只说现象。

我的公司主要运营几个门户网站,我对员工的一个基本的要求是,要及时回复网友发布到我们网站上的信息,包括博客文章、论坛帖子、各种提问等,同时要带动和鼓励网友们多回帖。这样会让发帖者知道,他被关注了,如果你的回帖认真地提出自己的赞同点和建议,那就会鼓励发帖者继续发帖。这样网站的人气就会逐步提升起来。反之,网友发布什么信息,都无人搭理,更不要说称赞,便会自觉没趣。

戏台上的人,都渴望着掌声与喝彩。人生如戏,我们都是演员。

然而没人喝彩怎么办,那就自己给自己喝彩吧。松下幸之助强调过这一点,要自己表扬自己。我也曾听一位高官讲,他每天起床后都会对着镜子大声讲:某某(他自己的名字),你是最棒的!重复若干遍后,会感觉自己就像一个皮球在充气,开始是扁的,然后迅速地鼓胀起来,变得信心满满、精神焕发。我们不妨如法炮制:这个事我处理得太棒了!我的书法大有长进啊!我太有才了,这个赚钱的思路太完美了!这种自我的肯定让我们精神饱满、斗志昂扬地向前进!

要找伯乐找靠山

文正语录

君子多途，未有不自不干人始者也。小人亦多途，未有不自干人始者也。

《唐浩明评点梁启超辑曾国藩嘉言钞》文集

【谷园解读】

这里说的"干"就是干谒。几年前，我写过一篇文章《谈干谒》。一个自命不凡而又出身低微的文人，要想在仕途上有所进步，除了科举一途之外，还得走这条干谒的路，就是主动去拜望那些位高权重的人，取得其欣赏，进而获得提携与帮助。因此在文学史上，便有了一道别样风景——干谒诗，其中不乏名作。

唐代大诗人孟浩然的"八月湖水平，涵虚混太清。气蒸云梦泽，波撼岳阳城。欲济无舟楫，端居耻圣明。坐观垂钓者，徒有羡鱼情"，今天仍脍炙人口，当时则是写给丞相张九龄，以"欲济无舟楫"，表达冀其引荐提携之意。唐诗"洞房昨夜停红烛，待晓堂前拜舅姑。妆罢低眉问夫婿，画眉深浅入时无"，今天，我们乍看它可能还以为是描写一对新婚夫妇的小诗，而事实上则是当时学子在科举考试后寄给主考官以探听虚实的信。这位主考官见信之后，对其更加欣赏，并回诗一首"越女新妆出镜心，自知明艳更沉吟。齐纨未是人间贵，一曲菱歌敌万金"。用"一曲菱歌敌万金"，给了这位学子一颗定心丸。同时，这一问一答也成了干谒之佳话。但诗归诗矣！白居易云："袖里新诗十首余，吟看句句是琼踞。如何持此将干谒，不及公卿一字书？"可见这种拿着诗稿去毛遂自荐的效果远不如托关系去的。当然也有人明明拿着一封介绍信，可以走捷径的，却把信给撕掉，想以"不干人"而凭自己真本事如何如何的，这样志大才高的人其实是凤毛麟角，而且成败难测的。

而曾国藩这话的原意，正是肯定这种志大才高者的做法，认为君子人生事业的前提就是不去干谒人，只有小人才走这个捷径。但话虽如此讲，他自己早年却正是得益于"干人"才平步青云。他"干"的这位穆彰阿是当时权倾朝野的重臣。他具体怎么"干"的，我说不好，总之是很得其欣赏器重爱护，结果就把他提起来了。后期，治军则得到与慈禧共同主政的恭亲王的支持。不过这里有一点要注意，后来恭亲王垮台，很多与其关系密切者受牵累，而曾国藩与他的通信则毫无把柄可抓。

所有的潜规则归根结蒂在于一点：这是一个人治的社会。规矩是人定的，说你行你就行，不行也行；说不行就不行，行也不行。你所有的努力应当围绕于让那个定规矩的人说"你行"。曾国藩讲，"阅历世变，但觉除得人以外，无一事可恃"。这个"得人"其实可以理解为，下得英才、同仁之辅佐支持，上得伯乐、靠山之提携引路。而上得尤为关键。韩愈讲，千里马常有而伯乐不常有，唯其稀缺，所以可贵，所以你得积极努力地去找到他。

功到自然成

文正语录

天下之事,有其功必有其效;功未至而求效之邃臻则安矣。

《曾文正公全集》【七】杂著 卷二 笔记二十七则

【谷园解读】

虽然一分耕耘未必有一分收获,但不耕耘肯定没收获。虽然说谋事在人,成事在天,可天道是酬勤的,你付出总会有回报。俗话说:拉锯就有末。"有其功必有其效"就是这个意思。但功夫没有做到家,就想如何如之何,就太幼稚了。

你写了几年材料,有几篇稿子被领导表扬了,就认为自己得升官了,这就是幼稚。

你干了几年公司,有点客户和经验了,就想上市了,这就是幼稚。

你写了几年书法,有几个朋友向你求字了,就觉得自己算国手水平了,这就是幼稚。

其实,这时你要注意几点:一是你的努力还不够的,还不足以由量变积累成质变;二是要享受过程,奋斗的过程;三是凡事皆有周期规律,要循序渐进,第一步做什么,第二步做什么,如果把次序打乱了,定然欲速则不达;四是要有成功的渴望,要保持热情;五是要有尽性知命的态度,怀一份尽人事而听天命的淡定。

这本《吃透曾国藩》,我写完初稿就开始找出版社向其投样章,被退稿达 N 次,但我依然信心不减,加紧修改完善,最终交付于福建教育出版社,靠的就是曾国藩这句话。

要有成果

📖 文正语录

凡程功立事，必以目所共见者为效。

《曾文正公全集》【七】杂著 卷二 笔记二十七则

【谷园解读】

你要表功，要证明自己的才华，要有大家都能看得见的东西才有说服力。简单说，你得有成果，别人才会认可你。

人群之中，你要被人认可，赢得尊重，甚至被人高看一眼是很不容易的。鲁迅说，人生得一知己足矣。现代生活节奏这么快，谁会来认真地了解你呢？即便是不错的朋友，可能情感层面是没有问题的，可以彼此关爱、帮助。但精神上的相通、修养上的相互砥砺，这样的人，则是可遇而不可求的。

人的被尊重首先应当是基于人格修养方面的。所以《左传》讲，人的不朽有三种情况：太上立德、其次立功、再次立言。立德就是确立一个伟大的人格，这是第一位的。但恰恰这个人格修养是看不到、摸不着，最被人忽视的。看得见的是什么？

我有政绩，我的GDP增速的数字你看得见，我的形象工程你看得见。

我事业有成，我的官职你看得见，我开的奔驰你看得见。

我有才，我出的书你看得见，我书法获的奖你看得见。

我许三多不是孬兵，我一口气做三百三十三个腹部绕杠大回环你看得见。

如果没有这些看得见的东西，没有一个切实的成果，那就沉默吧，不要试图表白什么。如果对方是你的知己，你又何须表白；如果对方不了解你，只会在心底蔑视你的吹嘘。

适合很重要

文正语录

虽有良药,苟不当于病,不逮下品;虽有贤才,苟不适于用,不逮庸流。

《曾文正公全集》【七】杂著 卷四 笔记十二篇

【谷园解读】

再好的药,不能对症,也不会有疗效;再强的人才,没有适合他发挥的平台或岗位,就还不如一般人。拿曾国藩自己来讲,有几次他自己在阵地直接指挥战斗都吃败仗,可见他不是带兵的将才,而最终却能平定大局,则说明他是带将的帅才。

我们去买鞋,首先要关注的是这个鞋的尺码是否合脚。鞋小了,你不能削足适履;鞋大了,你只能趿拉着。另外要考虑不同鞋的特性,有的适合户外运动穿,有的适合工作场合穿,有的适合家居穿等。最后还要考虑鞋的品质与价格,有的你买不起,有的你嫌质量差。甚至还要考虑鞋的品牌,知名的品牌让你觉得有面子。

对于这些买鞋涉及的问题,我们都有非常明确的判断。但在招聘人才、选用人才时,却常常犯糊涂。一味希望招来的人水平越高越好,既有专长,又是复合型,既有责任心,薪资要求又不太高。尤其一些小公司,没有成熟的人力资源管理,很容易犯这个毛病。

其实小公司不妨就用"小"人才,就像小脚穿小鞋,庙小容不下大和尚。松下公司在成立十年后才招到大专以上学历的员工。军阀张作霖起家之初,手下不过一群土匪,没有几个认字的。人才结构水平与企业发展水平必然是统一和平衡的,很难实现单方面的跨越。

当然,大公司、大机构中,人员数以百、千、万计,藏龙卧虎,人才济济,林子大了什么鸟都有,这时的问题则是知人善任、量才器使,使人才在适合的岗位发挥各自的专长。曾国藩讲,"当其时,当其事,则凡材亦奏神奇之效"。人力资源管理的价值就在于此。

站在个人的角度讲,发现自己的优势,找到适合自己的工作,才可能做好,才能更快地实现梦想。

最后关头要小心

📖 文正语录

大丹将成，众魔环伺，必思所以败之。

《曾国藩家书》同治三年四月初九日与九弟国荃书

【谷园解读】

我们这本书是励志书，谈励志会经常提到两个词：修炼、锻炼，这两个词都源于道家的炼丹术。《西游记》里孙悟空就是在道家祖师爷太上老君的炼丹炉里炼成的火眼金睛。道家炼丹其实是一种自我修炼，就像凡人通过实践来提升自我是一样的。同时，这个丹又是一个成果，可能是长生不老药，也可能是其他很有价值的东西。曾国藩这句话特别指出，在一颗伟大的丹将要炼成之际，会有很多魔鬼趴在炼丹炉的周围，琢磨着怎么给搞破坏，让这个丹成不了。

这话的寓意是很明白的，任何事业经历千辛万苦、千难万险，在最后接近成功的时候，都可能潜伏着巨大的危机。往往是三百六十个跪拜都拜了，最后只差一哆嗦了，却出问题了，前功尽弃，前面的累全白受了。所谓行百里者半九十，意思是一百里的路，你走到九十里，跟走到一半没有差别，都是没走完。差一点，白瞪眼。

《战国策》里有句话，"故先王之所重者，唯始与终"。凡事两头最重要。我们看奥运会，固然体育比赛很热闹，但真正的重头戏是开幕式和闭幕式。曾国藩则进一步把做事分成三段："毋畏图始之难，必有观成之乐"，万事开头难，开始阶段要有勇气，要乐观；"行之以实，持之以久"，中间阶段要扎实，要安全；收尾阶段就是上面此节这句"大丹将成，众魔环伺，必思所以败之"，最后关头要加倍小心，不能有丝毫大意。

拾遺篇

最大的财富是自身实力的提升

文正语录

天下事未有不从艰苦中得来而可久可大者也。

《唐浩明评点梁启超辑曾国藩嘉言钞》日记

【谷园解读】

凡事如果不是经历艰苦而取得的成果,便不能进一步做大,也不能长久。与此类似的,还有一句俗话:来得容易去得快。

来得容易去得快,很多人都有体会的,比如你在路上捡了100块钱,也不值当拾金不昧交给警察叔叔,那么通常的做法是叫上老婆,没老婆的叫上哥们下小馆子吃掉。来得容易就不懂珍惜,若为容易得,便作等闲看,就不当回事。爱情也是如此,少男少女们要注意的!

那么为何只有由艰苦得来,才可大可久呢?这里面有机关的,同样是100万,这个收获可以是抓彩票抓来的,也可以是你创立公司,开发产品、打开市场、积极运营赚来的利润。单纯从这100万来讲,没有什么区别。那差别在哪呢?在人。抓彩票的人还在抓彩票,变化不大,而开公司的这人自身的实力在艰苦的工作过程中获得了巨大的提升。那100万是有形的,而这实力的提升是无形的,这无形的财富何止100万呢?它为未来的1000万或者1亿奠定了基础。

我们找工作时,都知道要找有发展前景的、有利于自身提高的职业和岗位。但很少人能真正明确地知道,工作的回报既是赚取薪资报酬,同时更是提升自己的人力资本。

这个社会上,所有的人都在不同程度的出卖自己的人力资本,包括智力、体力、经验、社会资源等,特别是所谓的无产者,什么职业经理人、金领、白领、蓝领都包括。你的人力资本的高低决定了你的收入水平、社会地位等。

因此,要强化这个认识,你要的不只是那个成果,你还要那个奋斗的过程里自身实力的提升。实力决定未来。

示弱是一种智慧

文正语录

凡事须力戒争胜之心。

《唐浩明评点梁启超辑曾国藩嘉言钞》治政

【谷园解读】

打两圈麻将你光想着赢,与人聊天总搞成辩论,单位评个先进你也争,两口子吵架你也要抢上风等,长此以往,会形成一种竞争性人格,凡事皆欲争胜,这样的人很难有融洽的人际关系,身心两方面也会逐渐被损害。

俄罗斯总统普京去日本访问,中间有个亲善活动是去看一些练习柔道的孩子,并与一位十二三岁的小姑娘交手,结果被小姑娘摔倒在地。我们稍微思考一下就发现,如此一来,日本人民会觉得这个总统很可爱,很有魅力,否则,他要是把人家小姑娘给摔了,一定被骂脑残的。

示弱是一种道家的智慧,道家强调柔弱胜刚强、后其身而身先,强调很多通常所理解的负面的、消极的状态包含着潜在的优势。打麻将就是玩,输赢都是一乐。聊天无非消遣,你要非得去纠正人家,无非就是证明你比人家聪明,这是典型的讨人嫌。单位评个先进你评不上,可能更会落个好人缘,这是无形的收益。两口子吵架按博弈论的逻辑,自然是非理性的一方占上风,而且,两口子吵架就像做爱,谁在上,谁在下,其实是一回事的。

其实偶尔跟外人吵架也是正常的,人际交往中的摩擦是难免的,同样也要懂得示弱,没有人会因为你示弱就说你厌,只能说你顾大局、识大体。吵架不但解决不了问题,而且只能把问题弄得更糟,甚至会酿成悲剧。

想象一下自己的晚年

文正语录

少劳而老逸犹可,少甘而老苦则难矣。

《唐浩明评点梁启超辑曾国藩嘉言钞》治家

【谷园解读】

小时候、年轻时吃点苦受点累没有什么,特别是儿童对贫穷有天然的免疫力。我坚信自己的童年比现在的孩子更快乐,而且,我一直认为,自己成年后最快乐的时光,是刚毕业时摆摊卖书的那段"穷苦"日子。我们三个人住在其中一位同学的办公室里,一个睡床、一个睡桌子、一个睡地上。把冰棍放在啤酒里,美其名曰"鸡尾酒"。冲着翻书的女学生吆喝"读书可以美容,读书可以养颜"!

穷乐呵,穷乐呵,对于青年真就是这样,他有的是时间、体力,只要他在奋斗,就有希望。老年则不同,穷困潦倒,体力不济,没有反击命运的机会。

曾国藩曾说:有福不可尽享。一个人年轻时因为父辈的福荫,或者因为幸运,而拥有财富、权力、地位。明智者会珍惜,会节俭地消受这一切;无知者则会及时行乐、花天酒地,肆无忌惮,甚至为非作歹,这样会把人生的福分挥霍干净的,晚年可能就不好过了。而且,由奢入俭难,境遇的改变造成心理的落差,格外痛苦。

人生要有规划,要有全局观,要有远虑,要时不时想象一下自己的晚年,要能站在人生的末尾审视当下的状态。

那么,至少你会意识到四点:一是得攒钱,最好结合保险的形式;二是如果条件允许则多生一个孩子;三是好好孝敬父母;四是应当追求尽量丰富的人生体验。

你的眼神

文正语录

一身精神,具乎两目。

《冰鉴》神骨总论

【谷园解读】

小时候,有一次爸爸和妈妈在吃饭时闲聊,说某人眼睛不近视,却戴了个眼镜显摆。我插嘴:眼睛是心灵的窗户,带个眼镜挺好的。爸爸惊异地看看我,对妈妈说,这孩子以后可以跟大人一起说话了。那一年我8岁。

眼睛是心灵的窗户,透过眼睛就可以看到人的心灵。

眼睛是人体最生动、最敏感、最传情达意的地方。我想要写这篇文字时,蔡琴的那首歌曲立即萦绕于耳畔。"像一阵细雨洒落我心底,那感觉如此神秘,虽然不言不语,叫人难忘记。那是你的眼神,明亮又美丽。"

回望一下过去岁月里那些打动你、迷醉你、刺痛你、惊扰你、震撼你、蔑视你、崇拜你、关爱你、温暖你的眼神吧。

绘画艺术对眼神是极讲究的,水平的高低就在这一点上。画圣顾恺之说"传神写照尽在阿堵中",阿堵就是眼睛。大画家吴道子在墙上画了两条龙,却不肯画眼睛。别人执意请他补全,结果两条龙破壁而飞。这就是画龙点睛的传说。

文学艺术里有很多对眼神的经典描述。《诗经》写美女,"巧笑倩兮,美目盼兮"。曹子建写美女,明眸善睐、转眄流精、顾盼遗光采。李渔写的《觉后禅》(又名《肉蒲团》)里也有一段:"若是那妇人与他一样毛病的,这边丢去,那边丢来,眼角上递了情书,就开交不得了。"这直接递情书的眼神可谓雷人。

总之,就像有首歌唱的"你的眼神出卖你的心",我们要观察一个人,最重要的就是看眼神。

相由心生

文正语录

邪正看眼鼻,真假看嘴唇,功名看气概,富贵看精神。

《冰鉴》曾国藩相人术补遗

【谷园解读】

古代关于相面的故事很多,最著名的是《史记》刘邦的相面:先是吕后的爸爸看到刘邦面相极贵便把女儿许配给他,当时吕后的妈妈就埋怨吕老头:人家沛县的县长来提亲你都不答应,却生要把女儿嫁给这个无赖。后来又有一个神秘老翁给刘邦一家三口相面,暗示其是帝王之家。 也许这故事只是刘邦在起义时为了聚拢人气而自我炒作吧。 不过,现代心理学认为,通过相面等形式对未来所做出的预言,会对人的心理产生强烈的暗示效应,在一定程度上,影响着当事人的思维和做事方式向贴近预言的方向发展。 那么,是否真的能通过相面,来预言人的未来呢? 人的面相和未来发展之间是否存在某种联系呢?

我认为,这种微妙的联系是存在的。 有个说法叫:相由心生。 一个人的相貌虽然主要来自天生遗传,但是,后天又是在不断变化的,起码是一天天变老嘛。 人的心态、情绪会反映到相貌上,性格、修养、地位、能力对相貌也会有一定的影响。 作家毕淑敏就写过一篇文章,讲女人会因为心理不健康而变丑,这就颇有道理,我们确实都可以想见泼妇的丑陋。 曾国藩日记里写道,"诚中形外,根心生色,古来有道之士,其淡雅和润,无不达于面貌",意思就是修养会反映在相貌上。 那么反过来,也是一样。一个极具观察能力的人会从人的相貌上判断其天赋、地位、能力、修养、性格,而这些因素则直接决定着一个人的未来。

毫无疑问,曾国藩正是这样一位极善观察的人。 他的这段话,指出了观察的重点:眼鼻、嘴唇、气概、精神。 我们也可以认真地体会一番,做领导的更有必要在这上面用点心。

企业要养气

文正语录

军事纯视气之盛衰，不尽关人力也。

《曾国藩语录》兵法要旨

【谷园解读】

中医里，"气"跟"经络"一样，都是"客观"存在，只是看不见摸不着，但可以感受得到。天有天气，有风雨霜雪、阴晴冷暖、四季变换；地有地气，有山水气象、木石风致；人有人气，福气、运气、心气、脾气；书法有行气，诗文有气韵；万物皆有其气，皆各有规律，这是人世间的大学问，非我辈所能讲得清楚。

曾国藩极为重视气。不但军事上，在治家、做人上都讲究。比如他的家书里经常强调养鱼、种菜、养猪、种竹等，他认为这些会反映一家的兴衰气象，做好了这些事就会有生气、旺气。做人则强调勤是生动之气、俭是收敛之气，有此二气则必兴。

我的理解比较肤浅，人活一口气，这个气说白了就是信心、决心、斗志、勇气。个人、企业、军队、国家，道理是一样的，有这口气在，就敢于亮剑——两军相争勇者胜，就能以弱胜强、以小搏大、攻坚克难，从胜利走向胜利。而没有这口气，实力再强也不济事。

孟子讲：我善养吾浩然之气。那么作为一个企业领导者应当怎样养气呢，这是一个值得思考的问题。我想，至少应当致力于以下几个方面：一要千方百计增强实力，有实力才能有信心；二要描绘美好的愿景，让下属看到自己将取得的成功和收益；三要让下属感受到使命感，是维持正义，抑或是于国于民有利；四是要经常用一些小的胜利来培养信心，并刺激勇气、胆量、冒险精神；五要注意引而不发，发则必中；六要营造一种内在的严肃、活泼、团结、整洁的氛围，外在要有现代的 VI 企业形象，这同样反映兴衰气象。

拿我的公司来讲，关于使命感，我经常对员工讲：我们做好模具网，就能促进模具行业发展，而模具业是工业之母，决定着国家制造业发展，因此我们看似平凡的工作，是在为国家发展贡献力量！

得走精兵路线

文正语录

兵贵精不贵多。

《曾国藩语录》兵法要旨

【谷园解读】

俗话讲，鸡多不下蛋，人多瞎捣乱。很多党政机关和国有企业里都有此问题。人多了，通常会有两个问题：一是养闲人，他没活，在一边吊儿郎当，影响了干活人的积极性；二是没事找事，看他在那闲得慌，给他找点事干吧，结果连锁带出很多麻烦来。

我们从八十年代就讲"精兵简政"，今天看，不但没有改善，反而更糟糕了。

现在有一种提法，叫"轻公司"，就是强调用尽量少的人与固定资产来运营，这样会更有效率。

走精兵路线的思想，与曾国藩所崇尚的"简约主义"，是一致的。他讲做人、讲带兵，经常提到"气敛局紧"，说"用兵宜有简练之营，有纯熟之将领，阵法不可贪多而无实"，都是强调这个"简"字。这是一个哲学观，适合于很多方面。

他还说"人虽多，而可恃者惟在一二人"。相识满天下，知心有几人。说明在人际关系上，应当也有一个精简的问题。

对谁都得客客气气的

文正语录

贤者敬而贵之，不肖者敬而远之。

《曾国藩箴言》处世

【谷园解读】

孔子讲，敬鬼神而远之。对鬼神为何要敬呢？因为你惹不起他，你要稍稍冒犯他，可能就得招来祸患，所以你得敬他。一旦遇到他，就要客客气气的，甚至给他烧香上供。平时则要尽量避开他，离他越远越好。没事别烧香，烧香引出鬼来。

马克思说，人是一切社会关系的总和。人生在世每天都要与形形色色的人交往，这些人大抵分成三种：一是贤者，就是有才有德的人；二是不肖者，就是无才无德的人；三是平常人，是贤与不肖混在一起，你还分辨不开的人。

这三种人，不论是对谁，都要有一个"敬"字，要尊敬他的生活方式，三人行必有我师焉，要切实地在他们身上发现那些闪光的地方。这样你会从贤者身上受益，会避免不肖者的伤害。

有的人人际关系能力很强，黑白两道，手眼通天。其实还是很危险的，所谓的黑道，迟早会带给你麻烦，应当远之才好。

要能看穿人

文正语录

越自尊大,越见器小。

《曾国藩箴言》处世

【谷园解读】

小孩子普遍都爱表现,他们有时做出一些出格的事来,其实是为了引起大人的关注。这种渴望被关注的心理差不多就是虚荣心吧,虚荣心是一种天性。这种天性随着心智的逐渐成熟,阅历的丰富,却不能有根本的改变,只是在表现的形式上有了高低之分。

除了超脱于这种天性之外的圣人,最高的形式是用实际成功来表现这种天性,他甚至刻意地去表现一种低调与平易。比如很多公认的大人物。

其次的形式是有一定的成功,但他还需要用一些成功的标签来装饰自己,我们身边的这些成功者们差不多都如此。

最次的形式则是装腔作势。这种人没有什么真的能耐,却要摆出一幅臭架子,生怕你小看了他一样。他之所以会长期地这样,当然还是因为唬住了一些人,满足了他的虚荣心。我们不要被唬住,要看穿这个在你跟前牛气哄哄的人只是一个小角色。

见不贤则内自省也,自己可不要有这样的毛病。

反作用力

文正语录

敬人方能使人敬己,敬业方能事业有成。

《曾国藩箴言》处世

【谷园解读】

人的精神世界的运动规律与物质世界是相通的。在物质世界里,力的作用是相互的;在精神世界里,情感的作用也是相互的。付出爱,收获爱;付出恨,收获恨。你冲人微笑,人才会对你微笑。你冲人拉着脸,即便对方还以微笑,心底也是烦你的。人既容易感恩,更耿耿于报复。

这种相互的作用,有时甚至会穿越精神世界与物质世界之间的阻隔,造成超自然的情景。所谓精诚所至,金石为开,你的诚意会感动石头。孟姜女的悲伤会让长城倒掉,窦娥的冤屈会让天空下雪,古希腊的皮格马利翁的爱会让雕塑变成了真人。

这种穿越貌似荒诞不经,事实上却在影响我们的生活。曾国藩讲,你敬业,那么这个事业就会成就你。现在有句时髦话:你不理财,财不理你。都是显而易见的道理。

我有一个经验:当我在心底开始烦某个人时,即使这种情绪隐藏得很深,也许对方并未察觉,但事实是,他也在讨厌我了。如果这种彼此的讨厌不是同时发生的话,或许是他先讨厌我的,所以我才讨厌他。

量随识长

文正语录

量随识长，闻事不喜不惊，乃可以当大事。

《曾国藩箴言》处世

【谷园解读】

人的胸怀肚量有先天的因素，有的人天生就胡打海摔、胡吃闷睡、没心没肺、脑袋沾枕头就鼾声顿起。有的人则不然，天生敏感，心眼小，我就是这样。怎么办呢？这就得以理制情，就是靠理性的思考来控制调节情绪，把不能容忍的事容忍下，把困难和逆境看平淡。对人生，对世界，对人情世故看得真明白了，那种本能的反应，那些人性的弱点，就会得到扼制。对此，曾国藩讲得很诗意，你明白了自己的一生不过是整个时间长河中的一个瞬间，那么有什么忧患啊、不顺啊在你跟前时，就知道忍一忍就会过去。你明白了自己不过是整个宇宙中的一粒微尘，那么在名利的争夺上，就知道退让了。

某人自杀了，我们常会说他看不开、想不开。看的、想的，其实就是一个见识嘛，就是对世事、人情、事情的认识与理解，你理解了就释然了，心里就敞亮了。

佛家说，看破红尘，参透人情。看得破、参得透，自然就容得下、稳得住。而如何能看得破、参得透，怎样有这般智慧呢？实践出真知，磨难出见识。

君子之交淡如水

文正语录

语人之短不曰直,济人之恶不曰义。

《曾国藩箴言》处世

【谷园解读】

打人不打脸,骂人不揭短。你骂他不要紧,没准过几天还是好同志。可要是揭他的短,就可能把人得罪死了,挽回不了了。这里讲的"短",主要是指当事人负面的隐私和生理缺陷。

孔子讲"益者三友,友直,友谅,友多闻",他把"直"放在第一位,就是正直、坦率,跟你能直言不讳,没藏着掖着的,你有什么毛病,他都会给你指出来,这样的哥们才是真哥们。但得有个度啊,也不能太实在、太二虎了。朋友的缺点可以指出,但"短"不能提。

哥们够意思,还体现在互相帮助上。特别是现代社会里,计划生育弄得有一个亲兄弟姐妹的就不错了,而且地球村了,以前讲"父母在不远游",现在守着父母的也越来越少,大家出门靠朋友,一个好汉三个帮,朋友的意义空前重要。

互相帮助帮什么呢?要么帮钱,要么出力,还有就是出主意。但要注意,该帮的得帮,不该帮的不要碍于面子硬着头皮上。

什么不该帮?不单纯是做什么坏事,还有做傻事的。你对他说"不",可能当时他不高兴,但只要真有交情的基础,过一段还是朋友。反之,倒可能真会彼此伤害。哥们义气害死人。

古人讲,君子之交淡如水,是极有深意的。

批评是一把小锉刀

文正语录

人生至愚是恶闻己过,人生至恶是善谈人过。

《曾国藩箴言》处世

【谷园解读】

真惭愧,这两条我都占上了,我倒是比较自省尽量不妄加评论,但嘴上不说,眼睛里却很挑剔。这种挑剔,在面对别人的书法作品或文章时,表现得尤为恶劣。不由自主地在心里就会给人家挑毛病,这个用笔不好,那里用词不当。然而即便是别人主动向自己求教,我也尽量不把这些挑到的毛病统统讲出来,并且用词力求无关痛痒。

为什么这样呢?因为我自己是这样,我拿着自己写的字去向人求教时,心里渴望的是赞美,害怕批评。事实上,对于自己的问题,自己是比较清楚的,并不需要别人去提醒。推己及人,我相信,多数人与我没有两样。

我采访过一位著名画家,他经常被一些高级美术培训班请去讲课,他会认真地给学生指出画作中的问题。然而负责培训的人则提醒他:您给他提一大堆毛病,在这一两个月的培训里也不可能有什么改进提高,人家交了一万多块的学费,你就多表扬几句,让他闹个高兴就得了。

可见,恶闻己过是人之常情。不过很多时候,当局者迷,非别人痛批不能猛醒。有的批评可能并不准确,那就有则改之,无则加勉。当然,也有一些批评是出于不怀好意的攻击、贬低,不妨一笑置之。

孔子曾引用《诗经》里这句,"有匪君子,如切如磋,如琢如磨",来描述德行的修养过程,那么,我们倒是可以把别人的批评看作这把切磋琢磨的小锉刀。

傻样儿是爱称

文正语录

精明也要十分,只须藏在浑厚里作用。古人得祸,精明人十居其九,未有浑厚而得祸者。今之人惟恐精明不至,所以为愚也。

《曾国藩箴言》处世

【谷园解读】

现在的社会谁要落出"精"的名,还真就不好混了。一帮人喝酒要是众口一词谁谁如何精,也就意味着大家要对他敬而远之了。反之,要是落个"傻"名儿,那么即便目前还混得平平,以后成功的概率也会很高的。大家都知道的有"傻子瓜子",可谓改革开放后中国最先叫响的一个品牌。

我们村的傻志广,现在是全市最成功的企业家。

当然这里说的不是真的智商缺陷,而是心里有数,表达起来可能略为笨拙或者另类。

有次,我们带一位非洲的朋友去参观傻志广的企业,他与人家说了一通中非友谊源远流长之类的外交辞令,事后没把我们笑死。但他为人大气,敢想敢干,成就了大的事业,造福于家乡。

另外,很多时候,傻是一种亲昵的称谓,是爱称,比如赵本山的小品《相亲》里就说,女孩子要是说你"傻样",那就80%要成了。我家的孩子,我也总是叫她们傻大轩、傻二宁,当然她们在我看来是最聪明伶俐的。

当然,曾国藩是强调明强的,人必须精明,只是不能带出样儿来,要大智若愚才好。

改变自己

文正语录

成大事者，应适时求变。

《曾国藩箴言》处世

【谷园解读】

《周易》是中国最古老的哲学书籍，诸子百家的思想很多都是从这里来的，这是中华文化的正根。书名中的这个"易"字，就是改变的意思，整本书都是在讲变化的规律。

地球在转，宇宙在变，唯一不变的是改变本身。人生同样是一个不断改变的过程。生理在改变，一天天长高、强壮，继而又一天天衰老；心智在改变，从懵懂无知到世事洞明，从激情飞扬到平淡从容；人生观、思维方式、处世为人的态度其实都在改变。

有人评价曾国藩一生三变：先理学，后申韩，再后老庄。理学是指儒家那一套仁、义、礼、智、信的思想。这些思想在做京官的时期是适用的，可出来带兵就不够用了。于是就借鉴申韩也就是法家那一套，治乱世用重典、严刑峻法。然而法家的强势风格，在整合地方资源、获取中央支持等方面容易出问题，于是又融入老庄也就是道家思想，讲究妥协退让、办事圆融、抱残守缺等。他通过这三次改变，适应了环境，促进了事业的发展，人生境界也得以升华。而且，他的改变，不是把以前的观念完全放弃了，而是修正，融合，融会贯通。

当我们进入社会独立生活时，对之前的学校教育及家庭教育下形成的人生观、世界观甚至一些常识，都应当系统地进行反思，做一番修正。比如，我们学的马克思政治经济学认为：商品的价值决定价格。以现代西方经济学的观点，这显然是错误的。出生在农村家庭，父母难免有一些小农意识，对子女自然也有影响，也必须要修正。

当我们的人生进入不同的阶段时，都要反思一下，自己是不是要有所改变了。当我们面临各种人生或事业的困境时，更要积极做一些改变，所谓"穷则变，变则通"。

戒、定、慧

文正语录

定、静、安、虑、得，此五字时时有，事事有。离了此五字，便是孟浪做。

《曾国藩箴言》处世

【谷园解读】

这五个字，是儒家很重要的一套心法。出自《大学》"知止而后有定，定而后能静，静而后能安，安而后能虑，虑而后能得"。

知止，就是知道自己最终要止于哪里，也就是达到怎样的目标。明确了这一点，就可以坚定地专注于它去努力；专注了心就不浮躁了，就静了；心静下来，就可以更从容安稳；从容了，就可以思考得周密；考虑得到位了就可以获得想到的东西，也就可以到达那个"止"的地方。

这是一个主流的解释。

不过，我认为这个"知止"也可以理解为，知道自己不做什么。然后才可以更加专注、静心、从容、缜思。这样与佛家的"戒、定、慧"就更加相通了。

曾国藩认为这一套观念或者说是修炼，要时时有，事事有，不然做什么都是孟浪，孟浪这个词，用今天的话讲就是：扯淡。

发展的眼光看问题

文正语录

处有事当无事，处大事当如小事。

《曾国藩箴言》处世

【谷园解读】

心里有事却像没事一样悠然自在，办大事就像做一件小事一样从容不迫。这叫什么？这叫举重若轻。很多大人物都有这种气度。最有名的一个事例是东晋的谢安在淝水之战时的表现。当时北方的前秦八十万大军压境，东晋仅以八万人应敌。《世说新语·雅量》记载："谢公与人围棋，俄而谢玄淮上信至，看书竟，默然无言，徐向局。客问淮上利害，答曰：'小儿辈大破贼'。意色举止不异于常"。

具备这样的气度，需要有丰富的人生阅历，对事物的发展规律要了然于胸，一切尽在掌握之中，或者一切尽在预料之中，这样自然就从容。

然而青年阅历浅，怎么办？我想，就要用一点思维的技巧。要努力以十年后的眼光看当前的事。

比如以你目前的收入水平来看待一笔投资，你会觉得数目太大，压力很大，但你努力想象一下十年后的收入水平，并以那时的眼光来看这笔投资，就会轻松很多。坚持这样做，在理财上，你一定会很快超越同龄者。再如一些情感的问题，处在某个变故中时，可能天都要塌了似的，这时你努力想象一下十年后的状况，参照一下那些比你大十岁的人的情感生活的状态，就会释然。

以这种发展的眼光看困难，会发现一切都会过去。

以这种发展的眼光看机遇，会把握得更有力。

做与众不同的事

文正语录

久利之事勿为,众争之地勿往。物极则反,害将及矣。

《曾国藩箴言》处世

【谷园解读】

大家都争着去买基金,或者炒某支股票时,你不要再买了。物极必反,都赚钱的局面一夜之间就能变成都赔钱。

一般人们都抱这样一种心理:随大流,肯定出不了大毛病。总的来讲,还是有道理的,群众的眼睛是雪亮的,很多人都喜欢的电影、书,至少不会很差;很多人都认可的投资理财的方式,至少相对安全。傻,不可能大家都傻吧。

然而有个词叫"集体无意识",说的就是大家一起犯傻。所以对于大众的行为要有反思,不能盲从。

《道德经》里有一句深刻的名言"反者道之动",凡事总是相反相成的,正反两面是不断地相互转化的。我们要经常地思考一下,站在事物的反面会怎样,专业的说法就是逆向思维。

我们当地一家商场,八十年代初成立。当时刚改革开放,市场活动还是比较刻板的,多数商家都是一口价,这家企业便率先实行商品可以"砍价"的销售方式,结果大受欢迎。很快地,市场活跃了,一片讨价还价声里,他们又开始明码标价,不二价。另外,它还率先实行售出的商品可退换制度。他们一直在做别人不愿意做的事,慢慢就做大了。

《幽梦影》里有一句"闲世人之所忙者,方能忙世人之所闲",做与众不同的事,会更接近成功。

男人得有个嗜好

文正语录

人之精神不可无所寄。

《曾国藩箴言》修养

【谷园解读】

十多年前,捷克作家米兰·昆德拉的小说《生命不能承受之轻》在国内受到追捧,虽然我已记不清它的内容了,但这个标题却忘不了。从形而下的角度讲,生命不能承受的轻就是空虚、无聊。有个词叫百无聊赖,干什么都没劲,这比很多生活重担更难以承受。

年轻人一般要为生活而奔忙,婚姻、事业、情感、子女,千头万绪,每天难得清闲,谈不上精神无所寄。然而随着年龄的增长,很多方面都顺溜了,有房、有车、事业稳定、孩子出去上学了,这时便常会有中年危机,无非是饱暖思淫欲,无非是此时的精神无所寄托。所以有个说法是,男人不能没有个嗜好,得把他的心给占住。钓鱼、打麻将、养鸟都是嗜好,没有高下之分,不过,历代的知识分子,对于诗书画是情有独钟的。

现代大书法家吴玉如讲:诗书画造诣愈深,变化愈大,愈觉无止境。无止境,其乐乃无穷,故可以终身向往而无厌。人生有一艺之擅,精神始有寄,否则愈老,生也愈觉无味矣。长寿为何耶?大意是诗书画是越玩越深的,没有穷尽,玩一辈子也不厌烦。人这一辈子,要是没有这方面的一个寄托,会越老越无聊的,长寿也没有意思了。

苏东坡也如是说,玩书法可以乐于一时,聊寓其心,忘忧晚岁。

而且,人的嗜好会影响气质,这样的人更可爱。明代的袁宏道讲:余观世上语言无味面目可憎之人,皆无癖之人耳。清代的张潮则说:花不可以无蝶,山不可以无泉,石不可以无苔,水不可以无藻,乔木不可以无藤萝,人不可以无癖。今天我们的方言,仍把嗜好称为"癖儿",比如说,某某钓鱼忒癖儿了。

别站着说话不腰疼

文正语录

任事者当置身利害之外，建言者当设身利害之中。

《曾国藩箴言》为官

【谷园解读】

这句话也收在清代金缨的《格言联璧》，这本书里有很多格言今天仍脍炙人口，如"日日行，不怕千万里；常常做，不怕千万事"、"提得起，放得下，算得到，做得完，看得破，撒得开"等。

官员作为任事者，处理公共事务，本来就应当是在利害之外的。城市的哪里修个广场、哪里建个桥，请哪个建筑公司，哪个岗位上要选用什么人才，这些纯为公事，与个人利益是不沾边的。然而现实中很多官员做不到这样的一颗公心，往往要考虑个人利益，说白了就是会变着法地假公济私、权力寻租。

所谓建言者，在政府的工作中表现为两方面，一是群众或文人或两会的委员为政府建言，一是政府对于企业发展的指导意见，都应当站到对方的立场上认真体察一下利弊与难易再说，不然，很容易流于空泛，不着边际，不具操作实施的可能。个人之间的建议忠告，也要考虑到这一点。你可能是好心提醒，但没说到点上，对方面子上当然还要过得去，但心里还是会嗔怪你：站着说话不腰疼。

对此，《呻吟语》里有一段写得极好：昧于时不知其势，责其病不察其心，未尝身处其地，未尝心筹其事，而曰某非也、某过也，是瞽指星、聋议乐，大可笑也，君子耻之。

不要做愤青

文正语录

高才能文章，善居之，足以成名，不善居之，足以致祸。

《曾国藩箴言》为官

【谷园解读】

所谓"木秀于林，风必摧之"，即便在大兴文字狱的年代之外，那些才高八斗的人照样是被打击的对象，这种打击常常是出于杀鸡骇猴的政治目的，因此当事人常常会觉得冤，可是在国家利益跟前，一个人无论多么高尚，多么伟大，也都太过渺小了。

据说，解放初曾有人问毛泽东，如果鲁迅现在还没有死会怎样？毛泽东没有回答，但我们可以猜想一下的。

魏晋风度的代表人物嵇康被司马昭所杀，据说当时三千太学生为其求情，可想而知，这只能进一步激怒司马皇帝，死前嵇康为大家弹奏了《广陵散》，该曲遂成绝唱。

明代的高启，被毛泽东称为明朝最伟大的诗人，被朱元璋腰斩于市。

没有完美的政治，没有完全公平的社会，那些正直、敏感、理想主义的青年们要表达自己的观点，这无可厚非，但不要做无知者无畏的事。

孔子讲：用之则行，舍之则藏。你用我，我就好好地干一番；你不用我，我就躲在一边图个清静。达则兼济天下，穷则独善其身。老实做事，少发牢骚，这才是一个成熟的人才。

居官三鉴

文正语录

清、勤、慎，为居官三鉴。

《曾国藩箴言》为官

【谷园解读】

鉴就是镜子。做官的每天要照一下这三面镜子，看看自己清不清、勤不勤、慎不慎。

清就是清廉。这上面其实是最多文化、最有智慧的。林则徐是一代名臣，但我们从当时他的一位下属官员的笔记里了解到，每年他是照收下属数以万两白银计的所谓"三节两寿"礼金的，"三节"指春节、端午、中秋，"两寿"指官员夫妇两人的生日。时代虽不同，但官场的潜规则并无两样。以曾国藩的谙熟官场世故，他一定不会教条地理解"清"这个字的。今天，对于清廉依然可以理解为在不违反潜规则基础上的相对的清廉，而不是绝对的清廉。水至清则无鱼，什么事情绝对了就过犹不及了。但从家书和史料中可以看到，曾国藩是清廉节俭的，清廉节俭对他来讲是一种信仰，一种道。

勤就是勤政。曾国藩强调"五勤、五到"，本书有专门的篇目做过解读。大致意思就是要身勤、身到，眼勤、眼到，手勤、手到，口勤、口到，心勤、心到。要到一线调查研究，要观人，要审阅文件，要记录要事，要沟通同事、训导下属，要思考，这些都要勤。

慎就是慎重。言行要慎重，官场险恶，慎重保身，同时可树表率于下属及百姓；决策要慎重，避免劳民伤财；用人要慎重等等。不论哪一点上出了问题，乌纱帽都可能不保，还可能给国家造成损失。

我们从曾国藩传世的给下属的批牍可以看到，晚年曾国藩勉励下属只有两个字：廉、勤。我参观他晚年执掌的直隶总督府，大牌坊上有黄庭坚体的六个大字"公生明、廉生威"，清廉才会公平，才有威望，也不会出问题。而勤于政，勤于学，就能长才干、成事业。如此就是爱民，也定能成一个好官。

马屁应当怎样拍

文正语录

事事顺吾意而言者，此小人也，急宜远之。

《曾国藩箴言》为官

【谷园解读】

《唐语林》里有一个小故事：有一次唐太宗看到一棵大树，觉得很来劲，就夸了几句。这一下不得了，身边的一位近臣叫宇文士及冲着这树赞不绝口了，用周星驰的话讲，就如滔滔江水，连绵不绝。唐太宗一下子就烦了，呵斥道：平常我总提醒自己要"亲贤臣、远小人"，可一直不能断定谁是小人，今天我知道了，就是你啊，你这个光会顺情说好话的马屁精！宇文士及吓呆了，扑通跪倒谢罪，说：皇上啊，每天你上朝面对那些所谓忠臣们，他们汇报的事很多都是让您烦心的，还有一些人专门要指出您身上的缺点和问题，以显示自己的刚正，您为维持圣君的体面只好忍气吞声。我在您身边再不说点顺耳的、好听的，您就是当天子，又有什么意思啊。结果把唐太宗就说乐了。

这个故事告诉我们，皇帝也好、大官也好、平常人也好，明知这个拍马屁的无非是个小人，可在心里对这个小人却是喜爱的、有需求的。

站在马屁精的角度要明白：太甜的东西会腻的，曾国藩这里讲的"事事顺吾意"，这就有点腻了，偶尔也得加点盐，说点正经的，或者以批评的、忠告的糖衣裹上谄媚的药丸。

站在被拍者的角度，心照不宣，哈哈一笑就得了。

做事要讲方法

文正语录

做天下好事,既度德量力,又审势择人。"专欲难成,众怒难犯",此八字者不独妄动邪为者宜慎,虽以至公无私之心,行正大光明之事,亦须调剂人情,发明事理,俾大家信从,然后动有成,事可久。

《曾国藩箴言》为官

【谷园解读】

这段话中的关键词和表达的思想,其实都出自《左传》,极深刻,并且极具现实的操作指导意义。大意如下:

官员要推动一项工作,特别是一些可能牵动很多人利益的事,比如改革,既要"度德量力",衡量一下自己的德行感召力和实力,又要"审势择人",就是要分析清楚大的形势、趋势、人心向背,挑选好坚定的执行者。

"专欲难成,众怒难犯"就是讲,光靠自己个人意志来做事是不行的,大多数人的取向是很难违背的,即便你是大公无私、正大光明,也得讲策略,要先做好思想工作,让大家心服口服,都安抚顺溜了,再实际推进工作,才可能做成,而且不会翻盘,会有长久的效果。

很多改革家正是没有看透这一点,事业功败垂成,自身下场很惨。商鞅被五马分尸,王安石被罢官。初中历史课本还有一篇讲"清君侧,诛晁错",司马迁在《史记》中指出,"诸侯太盛,而错为之不以渐也",最后不但诸侯没有削成,自己把命也搭上了。太史公的这个"渐"字,于治世为人皆意味深长。

社会的弱点

文正语录

尖酸语最易传布，正经话却无人称说，即此可知世道恶薄。

《曾国藩格言集锦》

【谷园解读】

俗话说，好事不出门，丑事传万里。这是人性的弱点聚合成的社会的弱点。人们普遍有好奇之心、喜欢窥探别人的隐私，而且粗口、脏话、黄段子、刺激感官的表达方式，似乎像做爱一样，会带给人一种释放的感觉。为什么女人普遍比较长寿，据说是因为女人最爱张家长、李家短的说三道四，从而减轻了心理压力。

在这样的社会心理下，以艳照门为极端的，各类负面的资讯带动起全民式的狂欢。网络时代空前加剧了这个情况，这是很危险的。

"三鹿"几乎在一夜之间就死了。

"芙蓉姐姐"之流，一夜之间就火了。

那些激进的、出格的、煽动性的东西同样具有这个特点，这是为政者要警惕的。

从商业的角度，利用好这个特点，是会取得成功的。比如越来越多的女星自己把艳照上传网络，还有一些擅长设计制作网络事件的推手公司也很赚钱。

还可以再深刻一点，有一个问题值得思考：妖言何以惑众？

夹着尾巴做人

文正语录

或谓才子多傲,余曰傲便是不才。

《曾国藩格言集锦》

【谷园解读】

人们有才子多傲的看法,这是难免的。

本来大家的才智都差不多的,为何后来慢慢就分出才子与非才子了呢? 我想,还是一些品质、习惯、思维方式、生活方式的差异决定的。

才子更勤奋、更专注、更珍惜时间、考虑问题更深刻、对生活理解可能也更独特。 才子放在人堆里,怎么会与别人看上去一样呢? 这时,真的才子定然可以认识到人生短暂,大家最终都会清零,没有实质的差别,从而从心底尊重别人的生活方式。 看《红楼梦》比看《坏蛋是怎样炼成的》高雅吗? 下围棋比打扑克高明吗? 红袖添香夜读书比KTV喝酒泡小姐体面吗? 其实都一样,都是填补人生的空白。

问题是,才子总是少数,在多数的眼里,很容易成为另类。 但曾国藩讲得没错,你之所以被看做另类,被人说傲气,反躬自省,应当还是修养不到家。

真才子心里要明白"不遭人妒是庸才"这种宿命,同时也要提醒自己夹着尾巴做人、翘着尾巴当狗。

但也要存一种风骨,曾国藩讲"风骨者,内足自内,外无所求"。 您自己体会吧。

善用阳谋

📖 文正语录

术字亦有不可少处,但必不得已而后用。专意利人而用,谓之圣贤。可不必用而用,专意利己而用,谓之奸雄。

《曾国藩格言集锦》

【谷园解读】

曾国藩讲过,驭将之道,最贵推诚,不贵权术。但他强调的是对自己手下的将领,而不是别人。

这个术,说白了,难听点就是耍手腕,好听点的就是讲究策略、善于阳谋。阳谋与阴谋,区别在于目的的正义与否,用曾先生的话就是看是为利人还是为利己,操作层面没有差别。

与曾国藩齐名的胡林翼在这方面是很高明的。他做湖北巡抚,从后勤保障方面大力支持湘军,为了避免昏庸的满人总督官文掣肘,就极力讨好之。官文的小姨太太生日,胡林翼全家一起出动给其庆生,还让老母亲认这个姨太太做干女儿。凡湖北有好事上报朝廷,则都把官文举在前面。

明朝抗倭英雄戚继光也是极力贿赂当时的宰相张居正,以防止后院失火,确保战事成功。

这些都可谓"术字不可少处"。

看人要看人格

文正语录

贵视其所举,富视其所兴,贫视其所不取,穷视其所不为。

《曾国藩格言集锦》

【谷园解读】

面前这个人,他是大官,要看他靠什么当上的官;他是富豪,要看他靠做什么发的家;他没钱,要看他为何没钱;他没名没路子,要看为何才如此。

如果他就是李真那种大官,专凭投机钻营升官发财,又有什么值得你尊敬呢?

如果他就是何鸿燊那样的富豪,专凭赌博赚人钱财,又有什么值得你佩服呢?

如果他并不是因为懒惰和消沉,而是因为坚守原则,追求自己的理想,或者是因为命运弄人,而贫或穷,这样的人同样是可爱之人。

佛说,要有平等观,于面前之人不论富贵贫穷,都应一视同仁。平凡如我辈,可能做不到,总难免有几分势利眼:对富贵人就高看,同时会生出谄媚之心;对贫穷之人就狗眼看人低,带出傲慢之意。这都是很成问题的。

看低了人家自然就不会赢得对方的好感,谄媚之心同样也不会让对方有好感。真正理性的是,心底里,要对对方的人格有一个把握。值得你尊重的要热情,不值得的也不要表露,但心底必须明白。

另外,面对富贵之人,我们与其有身份上的高低之分,可能既有谄媚之心,又有几分紧张。这时,你可以想一下《孟子》里的一句话:说大人则藐之。就是要在心底看低他,然后你与他的交流会更有成效。

合作精神

文正语录

好便宜不可与共财，狐疑者不可与共事。

《曾国藩格言集锦》

【谷园解读】

有一个观点是，中国人一个人做事是条龙，几个人共同做事就成了虫。就是说，中国人不擅长合作，缺乏团队精神。

中国的传统教育里对于合作就讲得比较少，我曾经写过一篇文章《第六伦》，认为在传统的五伦，即君臣、父子、兄弟、夫妻、朋友之外，现在应当补上同事这第六种关系。儒家讲修身、齐家、治国、平天下，在家与国之间没有过渡，这与现代社会是不符合的，应当还有"单位"，这个"单位"可能是企业，也可能是机关，总之还有这样一个组织，以及相应的社会关系即同事。我们与同事相处的时间，几乎是多于其他各种关系之和的。儒家是讲"礼"的，对各种社会关系的处理都有详细的方案，唯独没有同事，从而在漫长的历史演进中，形成了一种心理与文化的缺陷。

遗憾的是，现在的教育中仍没有补救措施。十几年前，我在学生时代听过台湾忠义学校高振东先生的讲座，他说大陆小学生的课程是德、智、体、美、劳，而台湾的则是德、智、体、美、群。群就是群体教育，从小就培养孩子的合作精神。

对照曾先生的话，我们首先要反省一下，自己是不是一个好占便宜、好猜疑的人。其实所有人都很难做到一点便宜也不愿意沾，一点猜疑之心也没有。正在共事的伙伴们，对照这句话，应当做到两点：一是亲兄弟明算账，钱财要清楚；二是把沟通制度化，无所不言，以加强信任。另外还要强化一种分利意识，两千多年前的《大学》里就强调"财散人聚"，曾国藩也强调"利之所在，当与人共分之；名之所在，当与人共享之"。只有把利与名积极与人去分享，最终你得到的才会更多。

就算是阿Q一回吧

文正语录

贤而多财,则损其志;愚而多财,则益其过。

《曾国藩格言集锦》

【谷园解读】

似乎几年前还经常在报刊上看到有人批"拜金主义",现在则根本没有人再提这个词了。所有对财富的非议,都被看做不合时宜的、愚蠢的。

然而在过去的几千年里,中国文化中都强调一种对财富的藐视态度。孔子讲,君子喻于义,小人喻于利。爱钱的都是小人。很多所谓的名士,可以好色,必须酗酒,但绝不能爱钱,都得视钱财如粪土,有钱了就呼朋唤友大喝一通,甚至直接给人们发钱,千金散去,没钱了就"闲来写幅青山卖"。不过,晚年一般就穷困了,因为没有攒钱。比如祝枝山,就是与唐伯虎齐名的江南四大才子之一的这位先生,我极喜欢他的草书,他就是如此。这种对财富的态度太意气了。

曾国藩的说法是比较理性的。

有名言,男人有钱就变坏,女人变坏就有钱。财富对人的改造才是脱胎换骨的,也许一好,也许一坏。

现实中很多悲剧的事情提醒我们,这种反思是必要的:钱多了不一定是好事。

当然,我和你一样,都还在梦想着"多财",在这个梦想的过程里,暂且就算是阿Q一回吧。

一个习惯让你成为人上人

📖 文正语录

人有求于我，如不能应，当直告以故。切莫含糊，致误乃事。

《曾国藩格言集锦》

【谷园解读】

年轻人很容易犯这个毛病，有虚荣心，明明没把握的事，却不愿意说办不了，心里存几分能办成的侥幸，结果一伸手就不行，却不好意思认栽，几天时间一晃就过去，人家上来要结果了，才发现什么也没办，把事就耽误了。

我做网站，经常要在网上找威客做外包，遇到若干次这种情况，对方信心满满地把活接了，可工期到时，却做不出来，白白耽误我时间与精力。

曾先生这句话，再扩展一下，就是我对每一个新来公司的员工所强调的话：

对于我交代给你的工作，你要及时、适时反馈进度和完成情况。比如，我上午交代给你一个活，中午临下班时，你要给我回复一下，这个活干完没干完，这叫适时回复，就是到一个时间段上时，要回复。另外，比如这个活中间遇到问题了，或者做完了，要立即告诉我，这叫及时回复。这要养成这个习惯，不单纯是对领导如此，对家人、朋友及一切与你交往的人，都要这样做。比如连续几天没去看父母，就要给打个电话，报个平安。不要小看这个习惯，著名培训大师余世维强调，养成这个习惯，你就会成为人上人！

现实是，能成为人上人的是极少的，即能坚持做到这点的人是极少的。我自己有时也会想，这点小事，几下就干完了，不值当再跟领导汇报一次了。可转天，领导就打电话来问做得怎样了。你看，一点小事，也让领导惦记了一整天。

同时，我作为管理者，面对员工不能及时反馈的问题，就得养成另一个习惯，凡有指令发出去，都要适时追问一下进度。松下幸之助讲，一条指令好比一个风筝，追问就是那条牵在手里的线。只有这样，才不会耽误事。

要了解底细

文正语录

见面前之千里,不若见背后之一寸。故达观非难,而反观为难。见见非难,而见不见为难。此举世之所迷,而智者之所独觉也。

《曾国藩格言集锦》

【谷园解读】

看见面上的东西不难,那些隐藏在背后的,隐藏在表面之下的,不是一眼就能看到的东西,你能看到,这才是难能可贵的。 见见非难,而见不见为难。 这话多酷啊。

由此,我们要注意的是:

一、不要对看上去很美的东西过分崇拜。 孔雀开屏多美啊,其实屏后面,它的屁股露出来了,很难看的。 那些世俗的成功者,背后常有为人不耻的龌龊。 《教父》的扉页上则写着:巨大财富的背后都隐藏着罪恶。

二、不要上当受骗。 当今时代骗子横行,我估计,至少有上百万的职业骗子。 每天你收到的短信、邮件、QQ留言里,至少三分之一是骗子发给你的。 眼前这个人一身名牌,形象斯文,言行优雅,开着宝马,俨然成功人士,可实际都是租来的,职业骗子一个。 骗子又有骗财骗色之分,女人尤其要小心。 庄子说:窃钩者诛,窃国者为诸侯。 其实把"窃"替换为"骗"更合适。 不知多少道貌岸然的牛人,都是欺世盗名,青年要擦亮眼睛。

三、要了解潜规则。 吴思先生有专著写潜规则,任何一个组织,一个国家、社会、企业、机关,都有一套面上的表面的规则,如法律、道德、规章制度,来规范人们的行为。 然而,同时在起作用的,还有一套大家心照不宣的,上不了台面,却非常管用的潜规则。 当然,现在的八卦新闻里,潜规则成了动词,说某某女星被潜规则了,就是说她被与导演上床了。

总之,只看表面就是犯傻、幼稚,社会是复杂的,江湖险恶,凡事你得长个心眼,要了解底细。

凡事打出点量

📖 文正语录

处天下事，前面常长出一分，此之谓豫；后面常余出一分，此之谓裕。如此则事无不济，而心有余乐。若尽煞分数做去，必有后悔。处人亦然，施在我有余之恩，则可以广听。留在人不尽之情，则可以全好。

《曾国藩格言集锦》

【谷园解读】

曾先生这段话有点太"文言"了，我们不必深究，大致的意思就是做什么事都要多打出一点量来。人情上也是如此，多多少少地让别人欠你一点人情，关系会处得更好。

举个最简单的例子，我们去坐飞机，起飞时间是下午 4 点，那最好是 3 点之前到机场。如果离机场比较远，比如我住的城市，要到天津机场的话，得先走 100 公里高速，还要走 30 来公里天津外环。这就得多打出点量来，因为谁也预料不了路况，万一堵车怎么办，都要考虑到。

我体会深的一件事是，2002 年我们这里建设模具城，我的一位领导是此项工作的主管，我给他打下手。在与业主签预售合同时，关于厂房交付使用的期限问题，当时大家都认为至少要到 10 月才可以。对此，业主们也没有很迫切的时间要求，可我的领导却坚持承诺 8 月底交房，他说与施工方的合同是 8 月底完工，没必要再推迟交付。而最后的结果是到年底才交付。其实，很多人都出过类似的问题，可能动机是好的，但因为逞强、思考不周密，最终把事情做得非常被动。当然也有一些情况是客户对工期要求过紧，不得已而压缩了计划周期，结果造成一些纠纷。商业活动上这一点也是很无奈的。

不过，在日常生活中，少有什么事非得可钉可铆地到什么时间就得完成。我现在就有两件事，一是写这本书，心里有一个完稿的期限。再有就是身上的病，也有一个康复时间的预期。一方面书要抓紧写、病要抓紧治，同时多打出点量来，把完成的期限放宽一点，这样心理上的压力会小一些，精神更放松，对写书和治病应当都有好处。

慢想快做

文正语录

事到手且莫急,便要缓缓想。想得时切莫缓,便要急急行。

《曾国藩格言集锦》

【谷园解读】

这是一个很重要的方法论问题。凡事到了手里,先定定神,翻过来掉过去地多想想怎么做,要像高手下棋一样,走一步想三步。你要考虑到你要是跳马,对方会怎么走,然后你怎么走,对方再怎么走。

寻常小事,边做边想可能也出不了什么大问题,大不了重新做,时间与物质方面的成本都可以承受。

可对于企业来讲就不行了。我比较熟悉模具企业,生产加工之前的产品设计、工艺流程制订是非常重要的,要拿出方案,技术人员先审,老板再签字,然后才可以做。这个过程可能占用比较多的时间与精力,但能确保生产环节不出差错,提高加工效率。反之,如果这个过程没做好,生产时就可能出现产品报废等各种问题,增加成本、延长生产周期。最终可能这个单就赚不到钱,或者把客户给干跑了。

对于国家来讲,就更是如此,一个政策出来,就涉及成千上万的社会资源,一旦有什么问题就是巨大的社会成本。老子讲,治大国若烹小鲜,不能折腾,不能朝令夕改,因此,在"想"的环节上,更要多花些时间。

俗话讲:磨刀不误砍柴工。多想想就是磨刀,刀磨快了,砍柴就容易了。

人生的弯道不要转得太急

文正语录

恒言平稳二字极可玩,盖天下之事,惟平则稳。行险亦有得的,终是不稳,故君子居易。

《曾国藩格言集锦》

【谷园解读】

古人起名字都很讲究,有名,还有字。《礼记》讲"幼名,冠字",意思是,一生下来就起个名,等弱冠之年也就是成年时,要有个成人礼,这时,再起个字。 名是家人称呼或者自称,字则是朋友之间及社交场合对别人的称谓。 比如毛泽东,名泽东,字润之。 我们看《建国大业》里,有人称他为"润公"就是从"润之"而尊称的。 一般字与名相互表里,是名的补充。 "泽"与"润"就是关联的。 再比如三国里的张飞,字翼德,很明显,"飞"是要靠"翼"才行的。

绕了这么多,我想说的还是由曾国藩这句"故君子居易",首先想到的大诗人白居易。

古人起名字一方面要考虑生辰八字与五行方面的情况,另一方面多数会用典,即引用典籍里的词语来寄托人生愿望。 白居易这个名字就是引用了《中庸》"君子居易以俟命,小人行险以侥幸"。 意思就是有修养的人会把生活保持在一个比较平衡平稳的状态,顺应天命,顺其自然地发展,而有的人则总是不安分,总想走捷径,想毕其功于一役,做出出格的事来。 白居易字乐天,进一步强调了一种乐天知命的乐观态度,他的一生也确实如他的名字一样顺利。

我也有一颗不安分的心,渴望改变,渴望超越这平凡的生活。 两年前,江苏曾有家企业提出高价参股我的网站,但要求我去他们当地主持工作。 还有一次猎头找到过我,谈在杭州的一个高薪工作。 我都动心了。 但一个忘年交的老先生提醒我"不要做破釜沉舟的事",最后都放弃了。 我承认自己是比较保守的,我总结出一点:谁也不能说一辈子只做一种职业,只过一种生活,但在必要的改变时,就像开车要转一个弯进入另一条道,这个弯不要转得太急、太锐,平稳是重要的。 如果不是很必要,那就一直往前开吧,条条大道通罗马,终点可能一样美好。

审视成功

文正语录

清淡者，崇德之基也。忧勤者，建业之本也。古来无富贵之圣贤，无宴逸之豪杰。

《曾国藩格言集锦》

【谷园解读】

李白说"古来圣贤皆寂寞"，曾国藩则强调圣贤都没有富贵的，高尚的道德定然是出自淡泊的情怀与清贫的生活。而那些建立丰功伟绩的豪杰之士没有吃喝玩乐的，都得经历千辛万苦。

林语堂讲人生有三个大骗子：名、利、权力。这三个大骗子有一个共同的名字：成功。它骗着人们在短暂的人生里碌碌终日、赴汤蹈火、文山会海、皓首穷经、机关算尽……最后死而已。GAME OVER！

有一个经典的小故事，一个富翁从无穷尽的事务里逃出来，到海边散步，看到一个渔夫撑着太阳伞悠闲地钓鱼。然后就是一番对话，按富翁的思路，渔夫应当出海打渔，赚很多钱，再买个大船，再赚更多钱，最后就可以撑着太阳伞悠闲地钓鱼了。而渔夫说，我正在做你认为的最惬意的事。

再举一个例子。我的姥姥、姥爷今年都八十多岁，身体都还好，偶尔吵架气势不减壮年。一辈子生活在农村，儿女也没什么能耐，都在身边，不过儿孙满堂，其乐融融。我姥姥有个妹妹是五十年代大学生，夫妻后来都在北京，都是高级工程师，只有一个儿子，上清华，后来定居美国。这样看貌似姨姥姥更成功。可是十年前姨姥姥的老伴去世，表舅把她接到美国，住了半年，习惯不了，便独自回国，孤单生活。我的这位表舅在美国是公司高管，中产阶级，貌似比我农村的舅舅们成功，可只能把老母抛在万里之外，而不能尽孝身前，这算成功吗？

成功的荣耀与满足背后，失去的可能同样多吧。我们需要这样客观理性的态度来审视成功，依循自己对生活的理解来前行。

同时，也要意识到，如果我们真的看透了"这三个大骗子"，不上他们的当，人生是不是反而更加虚无乏味。

保底的品质

文正语录

慎能远祸，勤能济贫。

《曾国藩格言集锦》

【谷园解读】

就像是保底工资一样，人活着得有一个保底的品质。凡事小心谨慎就能保平安，勤奋一点点，经济条件就不会太差，坚持这两点，这一辈子下来，至少是不好不坏。而做不到这两点，没准就半途OVER了，或者下场很惨。

今天我们这些平常人能有什么祸啊，私底下拿国家领导调侃也是平常事，祸从口出的年代貌似已远去了。其实并不远的，新闻里仍时不时地曝出有哪个倒霉蛋被"跨省"了，网民大哗，声讨权贵，同情弱者。姑且不要谈什么正义、道德，当事人所受的苦是道德感消解不了的。文革也不远啊，多少好人因为一篇文章，一次讲话被迫害呢。在和平民主的年代里，一派温情脉脉的背面，你要知道：人是最可怕的。更不要讲古代文字狱之类，我看苏东坡给友人的书信，很多结尾都是一贯的"不可示人"的嘱咐，真是战战兢兢、如临深渊、如履薄冰。

今天可能的祸主要还是一些意外的情况，如车祸、火灾、各类安全事故。保险是必要的，但保不了命啊。特别是开车。我生活的小城市里大家没有系安全带的习惯，为了不让那个未系安全带的提示音响，就找一个铁片把那个卡座塞上。但我不这样，数次被朋友嘲讽，我只是笑笑。而且我一直坚持认为自己的开车技术比二把刀还多一把，是三把刀，所以车比别人慢，我心安理得。

勤就甭说了，曾国藩对他的子弟、幕僚、兵将，千言万语不离此字。

拾遗篇

人生最高的追求是自由

文正语录

溺爱者受制于妻子，患失者屈己于富贵。

《曾国藩格言集锦》

【谷园解读】

忘记了是哪个电视剧里的对白：

杀人原因是什么？

无非两种，要么为钱，要么为情。

我们常说，人为财死。其实不然，还有为情死的，比如梁祝，比如罗密欧与朱丽叶，这两个是优雅的。也有不要脸的说：牡丹花下死，做鬼也风流。

很多人是富贵放得下，情却放不下，自古就有过不了美人关的英雄，有冲冠一怒为红颜的豪杰，有不爱江山爱美人的皇帝。当然更有无数被美色拖下水的官员，还有那么多因为感情问题造成的人生悲剧。

往往很多优秀的人，是情感丰富的，毛泽东看《白毛女》为之流泪，《世说新语》里讲"圣人忘情，最下不及情。情之所钟，正在我辈"。

这个世界上多少人为情所累！

为五斗米折腰的就更多了。

道家文化，对此颇多反思。他们说：恩爱吾之仇也，富贵身之累也。他们追求无所凭借，了无牵挂的逍遥游！

影片《勇敢的心》的结尾，由梅尔·吉布森饰演的苏格兰民族英雄在就义之前高喊"FREE！"——自由！这是一个民族的追求，其实更是人生最高的追求！

附录

从曾国藩《挺经》谈"中国式"企业家人格塑造

近年来中国传统文化受到人们的重新重视,各种媒体推波助澜,传统文化在现代生活中仍可发挥积极的作用,这已是不争的事实。这种思潮对企业界同样产生了巨大影响。海尔集团张瑞敏、TCL集团李东生等国内知名企业家都表示热衷于对传统经典的学习与借鉴。一本名为《中国式管理》的书,更把这种带有传统文化特色的管理模式打上了"中国式"这样显著的标签。然而,五千年的中华文明中形成的传统文化博大精深,管理涉及的科目内容也纷繁复杂。那么,两者之间是怎样有机地结合在一起的呢?笔者认为,企业家人格是企业管理的灵魂所在,传统文化正是通过在企业家人格塑造过程中发挥作用,而进一步影响企业管理的,企业家人格塑造是传统文化与现代企业管理之间最直接的结合点。本文将在浩繁的传统文化宝库中抽取清末名臣曾国藩的著作《挺经》,谈一下怎样吸取其文化精神来塑造"中国式"企业家的特有人格。

心理学上定义人格就是每个人的行为、心理特征的总和。我们经常说到的"性格决定命运"、"思路决定出路",一个人的性格、气质、禀赋、世界观、人生观、思维模式都是人格范畴里的,人格在个人成长中的作用是不言而喻的。企业家的人格在企业管理中的作用同样非常重要。《工人日报》曾作过"企业家人格能否决定企业命运"的新闻调查,万科集团董事长王石、江苏远东集团董事长蒋锡培等企业家均认为,企业家的人格注定了企业的命运。中外一流企业家能够成功把握机会、化解危机,最终在市场中取得良好的业绩,往往与他们具备的一些优秀人格特质有直接关系,这些人格特质既有共性,同时也带有不同国家、不同民族以及不同文化背景所形成的不同特点。优秀的"中国式"企业家人格是怎样的,以及如何塑造,是本文的重点。

中华文明不是世界上最早的文明,但是唯一的五千年一脉传承下来的文明。慎终追远、注重历史、强调继承、模仿与借鉴是中国传统文化的一个重要特点,这直接影响到中国人做事与做人的方式。比如书法与绘画强调临摹，做人方面有句名言"养天地正气，法古今完人"。当然，中国人同样强调创新，比如《诗经》里就有"其命维新"的观点，只是这种创新，是建立在对传统成果充分继承，真正站在巨人肩膀上的创新，是更加成熟而低风险的创新。

"中国式"企业家人格塑造同样应当通过学习传统文化思想，借鉴优秀历史人物来完成。选准一个人物，进行深入研究，继而渐次外延及传统文化的各方面，这种方式应当比较适合传统文化功底薄弱的多数人，容易达到事半功倍的效果。至于这个典范人物，曾国藩当为首选。

《左传》中提出"太上有立德，其次有立功，其次有立言，虽久不废，此之谓不朽"。立德、立功、立言是中国人的最高人生价值追求，也是理想人格的最高境界，有史以来三者兼具之人寥若星辰，曾国藩当是接近这一境界的。

曾国藩其人。曾国藩，字伯函，号涤生，1811年出生于湖南省双峰县的一个农民家庭。祖父曾玉屏虽少文化，但阅历丰富，性格刚毅，对曾国藩有较大影响；父亲曾麟书为塾师秀才，才具一般，但对曾国藩的文化教育倾尽心力。曾国藩6岁时入塾读书，8岁能读八股文诵五经，14岁时能读《周礼》、《史记》、《文选》，21岁考取秀才，28岁中进士踏上仕途。之后在京的十多年间，他一直从事文职工作，精研学问，做足了"内圣"的功夫，以其勤奋、正直，加之人际关系之利平步青云至二品官位。1852年太平军进逼湖南，曾国藩奉旨帮同湖南巡抚办理团练，创立湘军，开始了十几年的戎马生涯。其间经历了初创的艰辛，地方的排挤，朝廷的猜忌，家人的亡故，战事的危急，数次生命危难，一度自杀被救起，终于1864年7月，攻破天京城，完成对太平天国起义的镇压，成就了对清王朝挽狂澜于即倒、扶大厦之将倾的中兴之勋。而在人生事业的颠峰却能持盈保泰，积极裁撤湘军。之后几年间，曾国藩历任直隶总督和两江总督，参与了镇压捻军，后主持处理天津教案，留下骂名。1872年3月在南京病卒。赠太傅，谥文正。曾国藩还是洋务运动的首创者，在诗词文章方面造诣极高，被奉为桐城派后期领袖，他从政带兵期间写给父母子弟的书信辑成的《曾国藩家书》对后世影响巨大。

由此可见，曾国藩的"立功"与"立言"是显而易见，毋庸置疑的。他的"立德"则要我们从其事迹、行为、思想中去体会和效法。而什么是"立德"呢，我理解就是完美人格的塑造，就是对传统道德与思想文化的充分继承、认真体用，并在其薪火相传的过程中发挥一定作用。

《挺经》是后人摘集曾国藩家书与文章中的片段，按李鸿章所讲的"挺经十八法"，即内圣、励志、家范、明强、坚忍、刚柔、英才、廉矩、勤敬、诡道、久战、廪实、峻法、外王、忠疑、荷道、藏锋、盈虚分卷编辑而成的一部书。用李鸿章的话说，该书浓缩了曾氏"精通造化、守身用世"的秘诀，包蕴了他作为儒家文化的集大成者的各方面人格特质，展示了他修身立德的境界，是后世师法曾国藩的入门捷径。下面，笔者将分别对照"挺经十八法"，来谈一下"中国式"企业家人格塑造过程中值得借鉴的方面。

内圣。"内圣外王"是中国儒家文化基本的思维方式，反映在治国从政上，就是强调通过国家自我的发展完善，达到富强、和谐，来赢得世界的尊重与归服，而不是强调武力扩张；反映在做人的道德伦理上，就是强调"修己安人"，通过自身在智、仁、勇等方面的完善，而不靠争斗和以势压人，来赢得别人的尊重，形成和谐的人际关系；反映在人与社会的关系上，就是强调"修身、齐家、治国、平天下"这样一种从内在渐次向外的介入过程。笔者当地某商业企业成立最初6年账面利润为零，但该企业却自信地宣布成功了，这是因为，他们用6年时间做足了内圣功夫，包括理顺了内部管理与市场业务的方方面面（但不止于这些），企业达到这样的状态，"外王"是水到渠成的事。曾国藩认为内圣"约有四端：曰慎独则心泰，曰主敬则身强，曰求仁则人悦，曰思诚则神钦"。慎独，即做事情不管有无监督或制约，都要秉持原则，不存侥幸，自觉为善，循理而行，这样才不会形成什么隐患；主敬，即做事一丝不苟严肃认真；求仁，即培养爱心，要有民胞物与、大公无我的胸怀；思诚，即对人要有诚信，做事要专注。这四端基本可作为"中国式"企业家人格的一个框架。

励志。曾国藩讲"君子之立志也，有民胞物与之量，有内圣外王之业，而后不忝于父母之生，不愧为天地之完人"。他还有一句名言，"不为圣贤，便为禽兽"，虽嫌偏激，但愈发突出他志向之高。前国民党主席连战先生2004年访问大陆时，在北大做的演讲中，寄希望于学子能够具有"为民族立生命，为万世开太平"的大格局，这首先也反映出连先生本人的大志向。胸怀一颗为民族为国家做出巨大贡献的宏伟志向与使命感，是中华古今俊杰人物的共同特点。上述笔者当地企业经营理念的第一条，即为引用顾亭林名言"天下兴亡，我的责任"。受中国文化影响至深的日本松下集团的企业纲领的第一条是"为人类造福"。《易经》里讲"君子慎始",立志是人生事业的起点,也是今日"中国式"企业家人格塑造的一个起点,宏大志向将为企业的发展带来强大的动力。而之所以产生这种宏大志向,源于传统文化对人的熏染和教育,《四书》是中国人的圣经,其开篇第一句为"大学之道,在明明德,在亲民,在止于至善"。曾国藩认为这些经典上的教诲"皆我分内事,若读书不能体贴到身上去,则读书何用?"意思就是按经典所倡导的来立志,然后要切实地身体力行。他又说"人生惟有常是第一美德",朱熹也曾说"有恒是入德之门"。由此可见,立志不单是人生之起点,还是人生的旨归。

家范。"齐家"是儒家思想的重要条目,介于修身与治国之间。家庭、家族作为社会的基本单位,对社会发展的意义不言而喻。对个人来讲,能够参与治国、平天下的毕竟是极少数,于是多数人把心血倾注于维系家族的繁荣。由此,古今家训、治家格言、家书向为人所推重,如《孔子家训》、《颜氏家训》、《朱子治家格言》、《曾国藩家书》以及当代的《傅雷家书》等,都传播影响极广。这些家训非常注重家居日常最基本的甚至细节的琐碎的一些事情,曾国藩教育子弟要守住祖父的"八字"(书、蔬、鱼、猪、早、扫、考、宝)、"三不信"(不信医药、不信僧巫、不信地仙)和他自己提出的"八本"、"三致祥",另外总结了"家败之道有四"和"身败之道有四"。总体上,他们提倡务实、本分、低调,力求家族的绵延长久。南怀瑾在《论语别裁》中曾提到,有外国人质疑儒家思想中缺少社会思想,而他则认为,齐家就是社会思想,他认为家是家族的意思,可以涵盖一个村镇的社会。今天我们可以认为,家也可以涵盖一个企业,比如家族企业,企业很明显是家的外延。古代家训所关注的方面,同样是"中国式"企业关注的方面,比如基础性工作的标准化,务实的企业精神,以及做百年老店的追求等。某企业教育员工认为"把简单的事天天做好就是不简单",这与古代家训正是一脉相承的。

明强。"天行健,君子以自强不息"。曾国藩讲,"担当大事,全在明强二字",明就是高明、精明,它要靠学习得来,而且要终身学习,才能保持对新生事物和变化的认知与分析能力,才可以正确的决断。有了明,才能求强,强即经得起风浪、刚强、倔强、奋发图强。对明强的追求,其实分解开就是对智力的提升与实力的提升的追求。同时,曾国藩认为,"在自修处求强则可,在胜人处求强则不可",这与"内圣外王"的思想是一致的。我们国家一度提出"和平崛起",也正是"自修处求强"的体现。"中国式"企业家同样应具备这种通过学习来提升实力的公平发展和竞争的思想。

坚忍。曾国藩曾撰联"养活一团春意思,撑起两根穷骨头"来表达他乐观面对逆境的坚忍精神,还讲自己经常是"咬脱牙和血吞,徐图自强"。坚即坚强、坚持,忍即忍让以及必要的妥协,这是"挺经"的点题之意,即凡事要有承受力,要"挺"得过去。孟子讲"天将降大任于斯人也,必先苦其心志,劳其筋骨,饿其体肤,空乏其身,行拂乱其所为,所以动心忍性,增益其所不能"。曾国藩认为,人生不外易境与难境,忧乐相伴,各有各的滋味,活着就要面对,就要品尝。有了这些超脱的认识,把逆境看成对自己的磨炼,也就化解了面对逆境时的焦虑不安,就能坚忍而不觉得苦了,这正是中华民族的美德,也是"中国式"企业家克服困难、迎接挑战的心理基础。

刚柔。龙之所以成为中华民族的图腾受到崇拜,源于它具有中华民族所向往的精神特征,即《说文解字》中讲的"龙之为物,变化无端"。"一阴一阳之谓道",变化与辩证是中国传统哲学的主题,刚柔是其中的一个方面。曾国藩讲"天地之道,刚柔互用,不可偏废,太柔则靡,太刚则折",要刚柔并济,这样才能适应和掌控各种不同局面,同时又能使对手摸不透以出奇制胜。企业家中,尤其创业者"刚"的一方面往往比较多,柔则比较难。曾国藩同样如此,所以他教育子弟,同时也是自勉"自胜之谓强",注意"惩忿窒欲降龙伏虎",就是要善于控制情绪,也即今天所讲的,要提升自己的情商。

英才。《论语》中记载,"子游为武城宰。子曰:'女得人焉尔乎'曰:'有澹台灭明者,行不由径,非公事,未尝至于偃之室也'"。曾国藩也讲"小人在位贤才否闭则忧之",这都反映了传统文化中把选拔人才作为为政及各种事业的重要工作,同时也是每个人的社会责任。而关于人才的界定,曾国藩有独到见解,"当其时,当其事,则凡材亦奏神奇之效",就是说只要运行得当,都是人才!在此观念的基础上,曾国藩"生平好用忠实者流",即把人品放在选人、用人的第一位。关于人才的培养,他认为"大抵皆由勉强磨炼而来……诚能考信于载籍,问途于已经,苦思以求其通,躬行以试其效,勉之又勉,则识可渐通,才亦渐立"。意思就是通过各种磨炼,通过学习、阅历、思考、实践,努力又努力,平常之人即可成长为人才。品鉴人才是一门大学问，我国历史上有关的书籍也非常之多，而曾国藩所著的《冰鉴》是这方面的一个代表。传说他会见新人时，总要一言不发地盯着对方仔细观察，通过其面貌神态，进行一番初步评定。这种相面选才的方式，其实在现代的人力资源管理中也多有效法，比如把血型、星座等也作为评定人才的参考指标。

廉矩。"廉，操守之洁美；矩，行止之法度"。中国史书中都给廉吏有专门的篇章，有清廉操守的官员都受到人民的爱戴与敬仰，反腐倡廉也是今天我们国家和社会的重要工作。一个企业内部，企业家同样要有此美德，行为有"矩"，守法守规，这样才能立此表率，否则上梁不正下梁歪，管理与制度成了骗人的话，这样的企业是长久不了的。另外，近年来，国内掀起一股反对商业贿赂的风潮，这同样要企业家警醒，不但自身要廉洁，同时要尊重别人的廉洁，不能为眼前利益做出有失操守之事。曾国藩还讲"崇俭约以养廉"，因为人的欲望是无穷的，只有从个人到社会真正崇尚和提倡俭约之风才容易守住廉矩。

勤敬。曾国藩讲"古人修身治人之道，不外乎勤、大、谦"。勤就是勤奋、勤劳，大就是大气，谦就是谦虚。而"勤敬"中的"敬"包含"谦"的意思，同时又有专注之意。这是中华民族最为提倡的美德，这种美德对于企业家来讲，于身外会赢得客户与员工的尊敬，于事业之发展是必要的保障。

诡道。《孙子兵法》中讲"兵者，诡道也"。曾国藩的军事思想受到后世军事家的高度重视，比如民国时期的著名将领蔡锷就曾编辑了《曾胡（林翼）治兵格言》发给部下军官，蒋介石则对此书进行了增补，并作为黄埔军校的教材。曾国藩提出治军以仁、礼二字。他讲"仁者，即所谓欲立立人，欲达达人也。待弁勇如待子弟之心，尝望其成立，尝望其发达，则人之恩矣"。意思就是要积极地帮助员工成功。礼就是要有一个一视同仁的制度，并且一丝不苟地执行。他还认为军队中要形成一种有利于打胜仗的气氛，一种一贯的情绪。他训诫将领，既要充分学习各种兵法，做到烂熟于心，又要"宜有简练之营，有纯熟之将领，阵法不可贪多而无实"。这其实是对"诡道"的更深入的理解，"诡道"其实由"正道"而来。"商场如战场"，曾国藩的军事思想对于当代"中国式"企业家经营管理实践颇多借鉴意义。

久战。做大事业，求大成功，都不是一朝一夕，一蹴而就的。比如中国共产党领导的新民主主义革命用了 28 年,在革命之初,也曾冀于苏俄式的速战速决,遭遇了挫折,最终形成毛泽东持久战思想,才取得胜利。曾国藩镇压太平天国起义用了 12 年时间,之所以能取得成功,也与他认识到并围绕"久战"设计战略有直接关系,他讲"久战之道,最忌势穷力竭四字。惟有休养士气,观衅而动,不必过求速效,徒伤精锐,迨瓜熟蒂落,自可应手奏功也"。并认为久战"最戒浪战。宁可数月不开一仗,不可开仗而毫无安排算计"。"夫战,勇气也,再而衰,三而竭,国藩于此数语,常常体念"。"大约用兵无他巧妙,常存有余不尽之气而已"。作为一位企业家,创业难、守业难,成就百年老店更难,做好"久战"的思想准备,才能任重道远。

廪实。曾国藩一反儒家一味重义轻利的偏见,认为,大抵军政吏治,非财用充足,竟无从下手处。仁人君子不应置理财于不讲。并且支持与外国通商,认为通商"不特便于洋商,并取便于华商",认为应学习西方用"商战"兴国。曾国藩作为清末洋务运动的首倡者,最早肯定了工商业在国家中的地位,是近代民族资本家产业报国的思想启蒙者之一。企业家应认清自己肩头的责任。

峻法。自汉代以降,"外儒内法"是中国古代政治形态的概括。法家的鼻祖韩非子对儒家思想多持批判态度,曾说儒家的仁义道德只能玩玩而已;儒家同样也是不耻于法家的手段。可这两者执了国民性乃至人性的两端,两千年来微妙地共同铸冶了中国传统的政治管理思想。这种局面可以理解为以儒为体,以法为用。就是以仁爱道德为主体,为出发点、为动机、为归宿,同时也采用严厉的法律制度来维系社会组织的平衡与发展。曾国藩治民极严酷,被称"曾剃头",不过他为自己辩解"书生岂解好杀,要以时势所迫,非是则无以锄强暴而安我孱弱之民"。胡林翼则称赞这是"用霹雳手段,显菩萨心肠"。曾国藩认为,"立法不难,行法为难。凡立一法,总须实实行之,且常常行之"。笔者当地一家企业的经营之道里便有一项,不轻易增加管理规定。这与前面所讲的"不浪战"是一个道理,只不过后者指对外,慎重立法是对内。

外王。曾国藩面对"列强乃数千年未有之强敌",仍有"立威于外"的信心,认为"立威于外全在自立自强"。而自立自强要靠学习外国的长处,并倾向于"拿来主义",他说,"轮船之速,洋炮之远,在英、法则夸其所独有,在中华则震于所罕见。若能陆续购买,……购成之后,访募覃思之士，智巧之匠，始而演习，继而试造，不过一二年，火轮船必为中外官民通行之物，可以剿发逆，可以勤远略"。这种以直接购买为主，以自行研发为辅的思路是务实而高效的。我们知道，二战后的日本经济腾飞得益于此，我国绝大多数中小企业目前的发展也是靠此思路。

忠疑。忠疑有两方面，一是人际，二是命运。这是人生容易产生困惑的地方。作为现代企业家来讲，人际方面，对上司、朋友、同事、下级、家属、客户都有着彼此信任与否的问题；命运方面，都有着面对未来的模糊性有多大的承受力、乐观与否的问题。对此，曾国藩仍是强调自修，要"内度方寸"，做到"仰无愧于天，俯无怍于地"，"守之以一，以不贰自惕，以不已自循，栗栗惟惧，斯终身无不顺焉。此圣人尽性立命之极，亦即中人复性知命之功也夫！"总之，就是采取一种"尽性知命"的态度，他说"爱人、治人、礼人，性也；爱之而不亲，治之而不治，礼之而不答，命也"。"若于性分当尽之事，百倍其功以赴之，而俟命之学，则以淡然泊如为宗，庶几其近道乎！"就是，在自己能力范围之内的事要尽力去做，之外的事要顺其自然，淡然处之。

荷道。此题旨反映了中国传统士大夫精英阶层的一个主流精神，即高度的社会责任感，这是现代"中国式"企业家要格外注意的。"铁肩担道义，辣手著文章"是中国传统知识分子高尚人格的写照，"铁肩担道义，诚心做企业"同样也应作为"中国式"企业家的人生理想，要把回报社会、促进社会发展作为企业发展的终极目标。

藏锋。藏锋不单纯是为了明哲保身，它更是一种人生境界，强调人生越往高处，越要保持一颗平常心。曾国藩认为一些人"自以为材智加人万万。……曾不知其与眼前之厮役贱卒，污行贾竖之营营者行将同归于澌尽，而毫毛无以少异。岂不哀哉！"另一方面，传统文化中也认为藏锋的人，含而不露，成熟厚重，所谓"厚德载物"，这样才能担当和成就大事业。

盈虚。曾国藩讲，"尝观《易》之道，察盈虚消息之理，而知人不可无缺陷也，……，所以守其缺而不敢求全也"。这是非常高明的认识。我们常讲，人生不如意者十之八九，多数人都参不透，会为之苦恼，孰不知这是自然规律啊。做企业也是一样，追求完美本身就说明永远也没有完美，有解决不完的问题与困难，始终是在一种不完美的状态下来运营和发展，这一点要认清。"天下事焉能尽如人意？古来成大事者，半是天缘凑泊，半是勉强迁就"。事业的成功，努力与机遇同样重要，有时就不能太过强求。另外，当人生与事业进入巅峰之际，曾国藩认为要"持盈保泰，功成身退"。

"五四"以来，我国传统文化一度断代，她的精华与精神在现代中国人身上少有完整的表现，这需要我们重新学习，把丢掉的东西捡回来，从中汲取营养，改造身心，做一名有着鲜明民族特色与精神的中国人。对于企业家来讲，以传统思想来完善和塑造自身人格，以"中国式"去做企业，将赢得更多尊重，取得更大成功，体验更完美的人生。

福建教育出版社

北京八本坊文化传播有限公司
Beijing Babenfang Wenhua Chuanbo Youxian Gongsi

将传统文化的精华和中国古典智慧引进现代中国人的日常生活，并带着她走向世界，增进人类福祉，是出版人的使命和理想。

"八本坊"得名于曾国藩的"八本堂"，成立于2008年4月10日，是福建教育出版社直属的北京分公司，主要从事教育、人文、学术、艺术、生活类图书的选题策划和行销推广，并为图书产品提供展览展示与新闻发布、会议等周边服务，此外，我们还有兴趣投资于教育、文化产业。

秉承福建教育出版社五十年出版薪火，以读者的需求为本，我们专注于图书的思想价值与大众阅读的契合，专注于图书的文化品位与人文关怀，专注于图书的视觉呈现与美感，专注于图书带给读者的综合阅读体验，专注于图书的传统蕴涵与时代气息，专注于当下的深切关怀与永恒的理想追寻。

我们相信，专注成就品质。秉承一份厚重，期待一份空灵，致力于打造一个新的出版空间！

读古书以训诂为本
作诗文以声调为本
事亲以得欢心为本
养生以少恼怒为本
立身以不妄语为本
居家以不晏起为本
居官以不要钱为本
行军以不扰民为本